গীতায় বেদ, শাস্ত্র এবং উপনিষধের সারাংশ লুকিয়ে আছে। ভগবান শ্রীকৃষ্ণের মুখ থেকে এর উচ্চারণ হয়েছিল, তাই শ্রদ্ধার সাথে একে শ্রীমদ্‌ভগবদ্‌গীতা বলা হয়।

এই বিশ্ব প্রসিদ্ধ শ্রীমদ্‌ভগবদ্‌গীতাকে সংস্কৃত পাঠ সহ সম্পূর্ণ বাংলা ভাবার্থ সমেত আমরা এই পুস্তকের প্রস্তুত করেছি। এর ভাষা এতটাই সরল যে, যারা অতি সাধারণ বাংলা জানে তারাও এই সন্দেশ বুঝতে সক্ষম হবে।

শ্রীমদ্‌ভগবদ্‌গীতা

সংস্কৃতের সম্পূর্ণ মূল পাঠ সহ
সরল বাংলা ভাবার্থ

ভাবার্থকর্তা
দয়ানন্দ বর্মা

ডায়মণ্ড বুকস
www.diamondbook.in

Shrimad Bhagwad Gita

Sanskrit text with translation in Bengali

By sumana chakraborty

প্রকাশক : ডায়মণ্ড বুক্স (প্রা.) লিমিটেড
X - 30, ওখলা ইণ্ডাস্ট্রিয়াল এরিয়া, ফেজ - II
নূতন দিল্লী - 110 020
ফোন : 011 - 41611861, 011 - 40712100
ই-মেল : sales@dpb.in
ওয়েবসাইট : www.dpb.in

SHRIMADBHAGAVADGEETA

By - Dayanand Verma

ভূমিকা

জীব-স্বরূপ অর্জুনের প্রশ্ন তথা ব্রহ্ম-স্বরূপ শ্রীকৃষ্ণের উত্তর, এই বিশ্ব প্রসিদ্ধ সংলাপের নাম হল - 'শ্রীমদ্‌ভগবদ্‌গীতা'।

জীবাত্মা ও পরমাত্মার মধ্যে সংঘঠিত এই সংলাপ হয়েছিল হাজার-হাজার বছর আগে। সেই সময়ে শব্দের যে অর্থ প্রচলিত ছিল, সেই শব্দের অর্থ আজ পরবর্তিত হয়ে গেছে, তা অন্য অর্থ প্রকাশ করে। উদাহরণস্বরূপ : আজ 'পুরুষ' বলতে নর বোঝায়। প্রাচীন কালে পুরুষের অর্থ ছিল চেতন তত্ত্ব, পরমাত্মা। পুরুষোত্তম, পুরুষার্থ প্রভৃতি শব্দ এই পুরুষ শব্দের বিস্তারের জন্য গঠিত হয়েছে। আজ 'কাম' বলতে 'সেক্স' বোঝানো হয়, সেই যুগে 'কাম' বলতে সমস্ত রকম কামনাকে বোঝানো হতো, সকাম, নিষ্কাম প্রভৃতি শব্দ এই শব্দ-পরিবারের অন্তর্গত ছিল। সেই রকম প্রকৃতি, গুণ, নির্গুণ, নিত্য, অনিত্য, বিকার, অবিকার, সত্য, অসত্য, মায়া, ব্রহ্ম, যোগ, তপ, যজ্ঞ, ধর্ম, ভূত প্রভৃতি শব্দের উদাহরণ দেওয়া যেতে পারে। এই সমস্ত শব্দ সেই সময়ে যে অর্থ প্রকট করত, আজ আর সেই অর্থ প্রকট করে না।

এই বাস্তবিকতা বুঝতে পেরেছি বলেই আমি এই পুস্তকের শ্লোক গুলিকে বাংলাতে অনুবাদ করার সময় শব্দার্থের অনুসারে অনুবাদ করিনি। বরং আজকের দিনের কথ্য ভাষা অনুসারে এই শ্লোক গুলির ভাবার্থ দেওয়ার চেষ্টা করেছি, যাতে করে অধিক থেকে অধিকতর লোকের কাছে গীতার এই বার্তা পৌঁছে যেতে পারে।

ডব্লু-২১, গ্রেটার কৌলাশ, পার্ট -১ **দয়ানন্দ বর্মা**
নূতন দিল্লী - ১১০০৪৮

ক্রম

প্রথম অধ্যায়

অর্জুনের বিষাদ যোগ

ধৃতরাষ্ট্রের বক্তব্য

धर्मक्षेत्रे कुरुक्षेत्रे समवेता युयुत्सवः ।
मामकाः पाण्डवाश्चैव किमकुर्वत संजय । १ ।

ভাবার্থ : ধৃতরাষ্ট্র বলেন : হে সঞ্জয়, ধর্মভূমি করুক্ষেত্রে আমার ও পান্ডু পুত্ররা যুদ্ধ করার বাসনা নিয়ে একত্রিত হয়েছে, তারা এখন কি করছে : ১

সঞ্জয়ের বক্তব্য

दृष्ट्वा तु पाण्डवानीकं व्यूढं दुर्योधनस्तदा ।
आचार्यमुपसङ्गम्य राजा वचनमब्रवीत् । २ ।

ভাবার্থ : সঞ্জয় বলেন: এই সময় রাজা দুর্যোধন ব্যূহ রচনা অনুসারে দণ্ডায়মান পান্ডব সেনাদের দেখছেন, আর আচার্য দ্রোণের কাছে গিয়ে বলেছেন : ২

पश्यैतां पाण्डुपुत्राणामाचार्य महतीं चमूम् ।
व्यूढां द्रुपदपुत्रेण तव शिष्येण धीमता । ३ ।

ভাবার্থ : হে আচার্য, দ্রুপদের পুত্র আর আপনার বুদ্ধিমান শিষ্যগণ মিলে যে ব্যূহ রচনা করছে তাতে দণ্ডায়মান পান্ডবদের বিরাট সৈন্যদের দিকে তাকিয়ে দেখুন : ৩

अत्र शूरा महेष्वासा भीमार्जुनसमा युधि ।
युयुधानो विराटश्च द्रुपदश्च महारथः । ४ ।
धृष्टकेतुश्चेकितानः काशिराजश्च वीर्यवान् ।
पुरुजित्कुन्तिभोजश्च शैब्यश्च नरपुङ्गवः । ५ ।
युधामन्युश्च विक्रान्त उत्तमौजाश्च वीर्यवान् ।
सौभद्रो द्रौपदेयाश्च सर्व एव महारथाः । ६ ।

ভাবার্থ : পান্ডবদের এই সেনাদের মধ্যে বহু শূরবীর, বড়ো বড়ো ধনুর্ধারী, ভীম তথা অর্জুনের সমতুল্য যোদ্ধা আছেন। যেমন - যুযুধান, সাত্যকি, বিরাট,

মহারথী দ্রুপদ, ধৃষ্টকেতু, চেকিতান, বলবান কাশিরাজ, পুরূজিৎ, কুন্তিভোজ, নরশ্রেষ্ঠ্য শৈব্য, বীর যুধামন্যু, বলবাম উত্তমৌজা, সুভদ্রাপুত্র অভিমন্যু এবং দ্রৌপদীর পুত্রগণ, এই সমস্ত মহারথীগণ বিদ্যমান : ৪, ৫, ৬

अस्माकं तु विशिष्टा ये तान्निबोध द्विजोत्तम ।
नायका मम सैन्यस्य संज्ञार्थं तान्ब्रवीमि ते । ७ ।

ভাবার্থ : হে দ্বিজশ্রেষ্ঠ, আমাদের পক্ষে যে সমস্ত প্রধান প্রধান সেনারা আছেন, এখন আমি তাঁদের নাম বলতে চলেছি, আপনার জানার জন্য : ৭

भवान्भीष्मश्च कर्णश्च कृपश्च समितिञ्जयः ।
अश्वत्थामा विकर्णश्च सौमदत्तिस्तथैव च । ८ ।

ভাবার্থ : এক তো আপনি নিজেই, পিতামহ ভীষ্ম তথা কর্ণ। অন্যেরা হলেন অশ্বত্থামা, বিকর্ণ এবং সংগ্রাম জয়ী কৃপাচার্য এবং সোমদত্তের পুত্র ভূরিশ্রবা :৮

अन्ये च बहवः शूरा मदर्थे त्यक्तजीविताः ।
नानाशस्त्रप्रहरणाः सर्वे युद्धविशारदाः । ९ ।

ভাবার্থ : আরো অনেক শূরবীর আছেন, যাঁরা অস্ত্রের জন্য আমার নিমিত্তে প্রাণের মায়া পর্যন্ত ত্যাগ করে এসেছেন। এঁরা সকলেই যুদ্ধকলায় নিপুণ :১০

अपर्याप्तं तदस्माकं बलं भीष्माभिरक्षितम् ।
पर्याप्तं त्विदमेतेषां बलं भीमाभिरक्षितम् । १० ।

ভাবার্থ : ভীষ্ম পিতামহ আমাদের যে পর্যাপ্ত সেনাদের রক্ষা করে চলেছেন তারা সবদিক দিয়েই উপযুক্ত, আর ভীম দ্বারা রক্ষিত পান্ডবদের সেনা যথেষ্ট নয় : ১০

अयनेषु च सर्वेषु यथा भागमवस्थिताः ।
भीष्ममेवाभिरक्षन्तु भवन्तः सर्व एव हि । ११ ।

ভাবার্থ : সুতরাং এখন আপনারা আপনাদের মোর্চায় দাঁড়িয়ে থাকুন, নিজেদের স্থান ছাড়বেন না, আর ভীষ্মকে সকলে মিলে সব দিক দিয়ে রক্ষা করুণ : ১১

तस्य संजनयन्हर्षं कुरुवृद्धः पितामहः ।
सिंहनादं विनद्योच्चैः शङ्खं दध्मौ प्रतापवान् । १२ ।

ভাবার্থ : দ্রোণাচার্যকে বলা দুর্যোধনের মুখ থেকে নির্গত কথা গুলি শুনে কৌরবদের পক্ষ থেকে বৃদ্ধ ও প্রতাপী ভীষ্ম পিতামহ দুর্যোধনের মনে আনন্দের সঞ্চার করে উচ্চস্বরে সিংহের নাদের সামনে নিজের শঙ্খ বাজান : ১২

ततः शङ्खाश्च भेर्यश्च पणवानकगोमुखाः ।
सहसैवाभ्यहन्यन्त स शब्दस्तुमुलोऽभवत् । १३ ।

ভাবার্থ : তারপরই শঙ্খ, ঢোল, নগাড়, নরসিঙা প্রভৃতি বাদ্য যন্ত্র একসাথে বেজে ওঠে। সমস্ত বাদ্যযন্ত্র গুলি ভয়ঙ্কর স্বরে বাজতে শুরু করেছে : ১৩

ततः श्वेतैर्हयैर्युक्ते महति स्यन्दने स्थितौ ।
माधवः पाण्डवश्चैव दिव्यौ शङ्खौ प्रदध्मतुः । १४ ।

ভাবার্থ : সেই আওয়াজ শুনে সাদা ঘোড়ায় টানা উত্তম রথে বসে থাকা শ্রীকৃষ্ণ এবং অর্জুনও তাঁদের দিব্য শঙ্খ বাজান : ১৪

पाञ्चजन्यं हृषीकेशो देवदत्तं धनंजयः ।
पौण्ड्रं दध्मौ महाशङ्खं भीमकर्मा वृकोदरः । १५ ।

ভাবার্থ : হৃষীকেশ শ্রীকৃষ্ণ পাঞ্চজন্য নামক শঙ্খ বাজিয়েছিলেন। অর্জুন বাজিয়েছিলেন দেবদত্ত নামক শঙ্খ। ভয়ানক কর্মী ভীম পৌন্ড্র নামক শঙ্খ বাজান : ১৫

अनन्तविजयं राजा कुन्तीपुत्रो युधिष्ठिरः ।
नकुलः सहदेवश्च सुघोषमणिपुष्पकौ । १६ ।

ভাবার্থ : কিন্তীপুত্র রাজা যুধিষ্ঠির অনন্তবিজয় নামক শঙ্খ বাজান, নকুল সুঘোষ এবং সহদেব মণিপুষ্পক নামক শঙ্খ বাজান : ১৬

काश्यश्च परमेष्वासः शिखण्डी च महारथः ।
धृष्टद्युम्नो विराटश्च सात्यकिश्चापराजितः । १७ ।
द्रुपदो द्रौपदेयाश्च सर्वशः पृथिवीपते ।
सौभद्रश्च महाबाहुः शङ्खान्दध्मुः पृथक्पृथक् । १८ ।

ভাবার্থ : হে রাজা ধৃতরাষ্ট্র, ধনুর্ধর কাশিরাজ, মহারথী শিখণ্ডী, ধৃষ্টদ্যুম্ন, বিরাট, অজেয় সাত্যকি, দ্রুপদ, দ্রৌপদীর পুত্রগণ এবং সুভদ্রার পুত্র মহারথী অভিমন্যু চারদিক থেকে নিজেদের শঙ্খ বাজাচ্ছেন : ১৭, ১৮

स घोषो धार्तराष्ट्राणां हृदयानि व्यदारयत् ।
नभश्च पृथिवीं चैव तुमुलो व्यनुनादयन् । १९ ।

ভাবার্থ : এই সব বাদ্য যন্ত্র থেকে নির্গত আওয়াজের ভয়ানক ধ্বনিতে আকাশ ও পৃথিবী কেঁপে উঠেছে এবং ধৃতরাষ্ট্রের পুত্রদের হৃদয়ও সেই আওয়াজে বিদীর্ণ হয়ে যাচ্ছে : ১৯

अथ व्यवस्थितान्दृष्ट्वा धार्तराष्ट्रान् कपिध्वजः ।
प्रवृत्ते शस्त्रसंपाते धनुरुद्यम्य पाण्डवः । २० ।
हृषीकेशं तदा वाक्यमिदमाह महीपते ।

অর্জুনের বক্তব্য

सेनयोरुभयोर्मध्ये रथं स्थापय मेऽच्युत । २१ ।
यावदेतान्निरीक्षेऽहं योद्धुकामानवस्थितान् ।
कैर्मया सह योद्धव्यमस्मिन्रणसमुद्यमे । २२ ।

ভাবার্থ : হে রাজা ধৃতরাষ্ট্র, এরপরে কপিধ্বজ অর্জুন যুদ্ধভূমিতে বিস্তীর্ণ ধৃতরাষ্ট্রের পুত্রগণদের দেখে ধনুক তুলে হৃষিকেশ শ্রীকৃষ্ণকে বলছেন, 'হে অচ্যুত, আমার রথ দুইপক্ষের সেনাদের মধ্যে খানে নিয়ে দাঁড় করান, এই সংগ্রামে কোনো কোনো যোদ্ধা অংশ নিতে এসেছেন তা দেখতে ইচ্ছা করছে, আমি দেখতে চাই আমাকে কাদের সাথে যুদ্ধ করতে হবে।' : ২০, ২১, ২২

योत्स्यमानानवेक्षेऽहं य एतेऽत्र समागताः ।
धार्तराष्ट्रस्य दुर्बुद्धेर्युद्धे प्रियचिकीर्षवः । २३ ।

ভাবার্থ : এই যুদ্ধে দুর্মতি দুর্যোধনের কল্যাণের জন্য কোনো বীরেরা তাকে সহযোগীতা করছেন তা আমি দেখতে চাই : ২৩

সঞ্জয়ের বক্তব্য

एवमुक्तो हृषीकेशो गुडाकेशेन भारत ।
सेनयोरुभयोर्मध्ये स्थापयित्वा रथोत्तमम् । २४ ।
भीष्मद्रोणप्रमुखतः सर्वेषां च महीक्षिताम् ।
उवाच पार्थ पश्यैतान् समवेतान्कुरूनिति । २५ ।

ভাবার্থ : সঞ্জয় বলেন : হে ধৃতরাষ্ট্র, অলসতাকে জয় করতে সক্ষম অর্জুনের কথানুসারে হৃষীকেশ শ্রীকৃষ্ণ দুই পক্ষের সেনাদের মধ্যেখানে এবং ভীষ্ম, দ্রোণাচার্য ও সমস্ত রাজাদের সামনে নিজের উত্তম রথ দাঁড় করিয়ে বলছেন, 'হে পার্থ, এই একত্রিত কৌরবদের দেখো।' ২৪, ২৫

तत्रापश्यत्स्थितान् पार्थः पितृनथ पितामहान् ।
आचार्यान्मातुलान्भ्रातृन्पुत्रान्पौत्रान्सखींस्तथा । २६।
श्वशुरान् सुहृदश्चैव सेनयोरुभयोरपि ।
तान्समीक्ष्य स कौन्तेयः सर्वान्बन्धूनवस्थितान् । २७।

कृपया परयाविष्टो विषीदन्निदमब्रवीत् ।

অর্জুনের বক্তব্য

दृष्ट्वेमं स्वजनं कृष्ण युयुत्सुं समुपस्थितम् । २८ ।
सीदन्ति मम गात्राणि मुखं च परिशुष्यति ।
वेपथुश्च शरीरे मे रोमहर्षश्च जायते । २९ ।
गाण्डीवं स्रंसते हस्तात्त्वक्चैव परिदह्यते ।
न च शक्नोम्यवस्थातुं भ्रमतीव च मे मनः । ३० ।

ভাবার্থ : এরপর পৃথাপুত্র অর্জুন দুই পক্ষের যুদ্ধের জন্য প্রস্তুত সেনাদের দিকে তাকিয়ে দেখেন, সকল আত্মীয়দের দেখেন তিনি, সেখানে পিতা, পিতামহ, গুরুজন, মামা, ভাই, পুত্র, পৌত্র , মিত্র, শ্বশুর ও স্নেহাধন্যদের দেখেন তিনি। এই আত্মীয়দের দেখে কুন্তীপুত্রের মন করুণায় ভরে যায়, তিনি উদাস হয়ে বলেন, 'হে কৃষ্ণ, যুদ্ধের ইচ্ছায় আগত আমার এই আত্মীয়দের একসাথে দাঁড়িয়ে থাকতে দেখে আমার সারা শরীর শিথিল হয়ে যাচ্ছে। গলা শুকিয়ে আসছে, শরীর কাঁপছে আর আমার সমস্ত রোম খাঁড়া হয়ে যাচ্ছে।

হাত থেকে গাণ্ডীব ধনুক পড়ে যাচ্ছে আর সর্বাঙ্গ যেন জ্বলছে, আমার মনে কেমন ভ্রমের সৃষ্টি হচ্ছে। তাই আমি দাঁড়িয়ে থাকতে পাচ্ছি না : ২৬, ২৭, ২৮, ২৯, ৩০

निमित्तानि च पश्यामि विपरीतानि केशव ।
न च श्रेयोऽनुपश्यामि हत्वा स्वजनमाहवे । ३१ ।

ভাবার্থ : হে কেশব, আমি কেমন বিপরীত লক্ষণ দেখতে পাচ্ছি। যুদ্ধে নিজের বন্ধুদের হত্যা করে আমার কোনো কল্যাণ আমি দেখতে পাচ্ছি না: ৩১

न काङ्क्षे विजयं कृष्ण न च राज्यं सुखानि च ।
किं नो राज्येन गोविन्द किं भोगैर्जीवितेन वा । ३२।

ভাবার্থ : হে কৃষ্ণ, আমি জয় চাই না, আর রাজ্য ও অন্য কোনো সুখও চাই না। হে গোবিন্দ, এমন রাজ্য ভোগ করার বা জীবনের কিই বা প্রয়োজন আছে আমাদের : ৩২

येषामर्थे काङ्क्षितं नो राज्यं भोगाः सुखानि च ।
त इमेऽवस्थिता युद्धे प्राणांस्त्यक्त्वा धनानि च । ३३।

ভাবার্থ : যে বন্ধুদের জন্য রাজ্য ভোগ করার ও সুখের কামনা করা হয়, তারা সকলে প্রাণ এবং ধনের প্রণ করে যুদ্ধ করার জন্য দাঁড়িয়ে আছে :৩৩

আচার্যা: পিতর: পুত্রাস্তথৈব চ পিতামহা: ।
মাতুলা: শ্বসুরা: পৌত্রা: শ্যালা: সম্বন্ধিনস্তথা।৩৪।

ভাবার্থ : এঁরা সকলেই গুরুজন, জ্যাঠা, কাকা, ছেলে, দাদু, মামা, শ্বশুর, নাতি, সালা তথা অন্য সকল আত্মীয় : ৩৪

এতান্ন হন্তুমিচ্ছামি ঘ্নতোऽপি মধুসূদন ।
অপি ত্রৈলোক্যরাজ্যস্য হেতো: কিং নু মহীকৃতে । ৩৫ ।

ভাবার্থ : হে মধুসূদন কৃষ্ণ, এঁরা সকলে মিলে যদি আমাকে হত্যাও করেন তাহলেও আমি এঁদের বধ করতে পারব না, যদি ত্রিভূবনও লাভ করতাম তাতেও না, আর শুধুমাত্র একখন্ড ভূমি জন্য, অসম্ভব : ৩৫

নিহত্য ধার্তরাষ্ট্রান্ন: কা প্রীতি: স্যাজ্জনার্দন ।
পাপমেবাশ্রয়েদস্মান্হত্বৈতানাততায়িন: । ৩৬ ।

ভাবার্থ : হে জনার্দন, ধৃতরাষ্ট্রের পুত্রদের বধ করে আমরা কিসের আনন্দ লাভ করব! এমন পাপীদের হত্যা করেও শুধু পাপেরই ভাগীদার হব : ৩৬

তস্মান্নার্হা বয়ং হন্তুং ধার্তরাষ্ট্রান্ স্ববান্ধবান্ ।
স্বজনং হি কথং হত্বা সুখিন: স্যাম মাধব । ৩৭ ।

ভাবার্থ : তাই হে মাধব, আমাদের পরম আত্মীয় ধৃতরাষ্ট্রের পুত্রদের বধ করা আমাদের ঠিক হবে না। কারণ কুটুম্বদের হত্যা করে আমরা কোনো সুখই লাভ করব না। ৩৭

যদ্যপ্যেতে ন পশ্যন্তি লোভোপহতচেতস: ।
কুলক্ষয়কৃতং দোষং মিত্রদ্রোহে চ পাতকম্ । ৩৮ ।

ভাবার্থ : লোভে পড়ে ওদের বুদ্ধিভ্রষ্ট হয়ে গেছে, ওরা নিজেদের কুলনাশের কথা ভাবছে না, তার জন্য কি পাপ হোতে পারে তাও ভাবছে না। আর বন্ধুদের নাশের কি পাপ হবে তা তো ভাবছে না : ৩৮

কথং ন জ্ঞেয়মস্মাভি: পাপাদস্মান্নিবর্তিতুম্ ।
কুলক্ষয়কৃতং দোষং প্রপশ্যদ্ভির্জনার্দন । ৩৯ ।

ভাবার্থ : আর হে জনার্দন, কুলের নাশ করে আমরা যে পাপের ভাগী হয়ে যাব তা জানতে পেরেও আমরা কেনো এই পাপের থেকে দূরে সরে দাঁড়াচ্ছি না : ৩৯

कुलक्षये प्रणश्यन्ति कुलधर्माः सनातनाः ।
धर्मे नष्टे कुलं कृत्स्नमधर्मोऽभिभवत्युत । ४० ।

ভাবার্থ : কুল নাশের সাথে সাথে পরম্পরাগত কুলধর্ম নষ্ট হয়ে যায়। ধর্মের নাশ হলে সম্পূর্ণ কুলকেই অধর্ম চেপে ধরে :৪০

अधर्माभिभवात्कृष्ण प्रदुष्यन्ति कुलस्त्रियः ।
स्त्रीषु दुष्टासु वार्ष्णेय जायते वर्णसङ्करः । ४१ ।

ভাবার্থ : হে কৃষ্ণ, পাপ অতিরিক্ত বৃদ্ধি পেলে কুলের মহিলারা দুশ্চরিত্র হয়ে যায়। হে বার্ষ্ণেয় শ্রীকৃষ্ণ, মহিলাদের চরিত্রহীনতার জন্য বর্ণসংকর সন্তানদের সৃষ্টি হয় : ৪১

सङ्करो नरकायैव कुलघ्नानां कुलस्य च ।
पतन्ति पितरो ह्येषां लुप्तपिण्डोदकक्रियाः । ४२ ।

ভাবার্থ : এই বর্ণসংকরতা কুলঘাতিদের এবং কুলকে নরকে নিয়ে যায়, কারণ এই বর্ণসংকরেরা পূর্বজদের পিন্ডদান করতে পারে না, তাঁদের শ্রাদ্ধ, তর্পন কিছুই হয় না, যারফলে তাঁরা জল পর্যন্ত পান না, পূর্বজদের পতন ঘটে, অর্থাৎ নরকবাস নিশ্চিত : ৪২

दोषैरेतैः कुलघ्नानां वर्णसङ्करकारकैः ।
उत्साद्यन्ते जातिधर्माः कुलधर्माश्च शाश्वताः ।४३।

ভাবার্থ : বর্ণসংকরতার দোষের জন্য কুলঘাতিদের সনাতন কুল-ধর্ম এবং জাতি-ধর্ম নষ্ট হয়ে যায় : ৪৩

उत्सन्नकुलधर्माणां मनुष्याणां जनार्दन ।
नरकेऽनियतं वासो भवतीत्यनुशुश्रुम । ४४ ।

ভাবার্থ : হে জনার্দন, যে মনুষ্যের কুল-ধর্ম সব নাশ হয়ে যায় তাকে অনন্তকাল ধরে নরকে বাস করতে হয়, আমি তাই শুনেছি : ৪৪

अहो बत महत्पापं कर्तुं व्यवसिता वयम् ।
यद्राज्यसुखलोभेन हन्तुं स्वजनमुद्यताः । ४५ ।

ভাবার্থ : ছিঃ, ছিঃ! কত দুঃখের কথা যে, আমরা বুদ্ধিমান হওয়া সত্ত্বেও রাজ্য-সুখ লাভ করার জন্য নিজেদের আত্মীয়-স্বজনদের মারার মতো ঘোরতর অন্যায় করতে চলেছিলাম : ৪৫

यदि मामप्रतीकारमशस्त्रं शस्त्रपाणयः ।
धार्तराष्ट्रा रणे हन्युस्तन्मे क्षेमतरं भवेत् । ४६ ।

ভাবার্থ : আমি যদি অস্ত্র ত্যাগ করে প্রতিরোধ না করি এবং অস্ত্রধারী ধৃতরাষ্ট্রের পুত্ররা এই যুদ্ধভূমিতে যদি আমাকে মেরেও ফেলে, তাহলে সেই মৃত্যু আমার কাছে কল্যাণকারী হবে : ৪৬

সঞ্জয়ের বক্তব্য

एवमुक्त्वार्जुनः संख्ये रथोपस्थ उपाविशत् ।
विसृज्य सशरं चापं शोकसंविग्नमानसः । ४७ ।

ভাবার্থ : সঞ্জয় বলেন : শোকাচ্ছন্ন অর্জুন রণভূমিতে এই কথা বলে নিজের ধনুক ত্যাগ করে পিছনের দিকে গিয়ে বসে পড়েছেন : ৪৭

इति श्रीमद्भगवद्गीतासूपनिषत्सु ब्रह्मविद्यायां योगशास्त्रे
श्रीकृष्णार्जुनसंवादेऽर्जुनविषादयोगो नाम प्रथमोऽध्यायः ॥ १ ॥

শ্রীমদ্‌ভগবদ্‌গীতার রূপে উপনিষদ্ এবং ব্রহ্মবিদ্যা তথা যোগশাস্ত্রবিষয়ক শ্রীকৃষ্ণ এবং অর্জুনের সংলাপের 'অর্জুনের বিষাদ যোগ' নামক প্রথম অধ্যায় সম্পূর্ণ হল।

●●●

দ্বিতীয় অধ্যায়

সাংখ্যযোগ

সঞ্জয়ের বক্তব্য

तं तथा कृपयाविष्टमश्रुपूर्णाकुलेक्षणम् ।
विषीदन्तमिदं वाक्यमुवाच मधुसूदनः । १ ।

ভাবার্থ : সঞ্জয় বলেন : এমন ভাবেই করুণায় সিক্ত হয়ে, অশ্রু পূর্ণ চোখে, ব্যাকুল নেত্র নিয়ে, শোকাতুর অর্জুনের কথা শুনে মধুসূদন শ্রীকৃষ্ণ বলেন : ১

শ্রী ভগবানের অমৃতবাণী

कुतस्त्वा कश्मलमिदं विषमे समुपस्थितम् ।
अनार्यजुष्टमस्वर्ग्यमकीर्तिकरमर्जुन । २ ।

ভাবার্থ : ভগবান বলেন : হে অর্জুন, এমন সংকটের অবস্থায় তুমি এমন অজ্ঞানের মতো কথা বলছো কিভাবে? শ্রেষ্ঠ পুরুষের আচরণ এমন হয় কিভাবে! আর তা কোনো স্বর্গসুখের কথাও নয়, আর কোনো কীর্তিদায়কও নয় :২

क्लैब्यं मा स्म गमः पार्थ नैतत्त्वय्युपपद्यते ।
क्षुद्रं हृदयदौर्बल्यं त्यक्त्वोत्तिष्ठ परंतप । ३ ।

ভাবার্থ : তাই হে পার্থ, নপুংসকদের মতো কথা বলো না। এমন ভীরুতা পূর্ণ কথা তোমাকে শোভা দেয় না। হে সংতপ্ত অর্জুন, হৃদয়ের ভীরুতা ত্যাগ করে যুদ্ধের জন্য প্রস্তুত হয়ে যাও : ৩

অর্জুনের বক্তব্য

कथं भीष्ममहं संख्ये द्रोणं च मधुसूदन ।
इषुभिः प्रति योत्स्यामि पूजार्हावरिसूदन । ४ ।

ভাবার্থ : অর্জুন বলেন : হে মধুসূদন, এই রণভূমিতে আমি ভীষ্ম পিতামহ আর গুরু দ্রোণাচার্যের ওপর কিভাবে বাণ নিক্ষেপ করব। হে অরিসূদন শ্রীকৃষ্ণ, এই দুইজনেই আমার পূজনীয় : ৪

गुरूनहत्वा हि महानुभावान् श्रेयो भोक्तुं भैक्ष्यमपीह लोके ।
हत्वार्थकामांस्तु गुरूनिहैव भुञ्जीय भोगान् रुधिरप्रदिग्धान् । ५ ।

ভাবার্থ : মহান গুরুজনেদের হত্যা করার চাইতে আমি এদের কাছে ভিক্ষা করে জীবন অতিবাহিত করাটা কল্যাণকর বলে মনে করি, কারণ গুরুজনদের হত্যা করে, তাঁদের রক্তে সিক্ত অর্থ, রাজ্যপাট প্রভৃতি এই লোকেই আমাকে ভোগ করতে হবে : ৫

न चैतद्विद्मः कतरन्नो गरीयो यद्वा जयेम यदि वा नो जयेयुः ।
यानेव हत्वा न जिजीविषाम-स्तेऽवस्थिताः प्रमुखे धार्तराष्ट्राः । ६।

ভাবার্থ : আর আমরা এটা জানিনা যে আমাদের জন্য কোনটা উচিত কার্য, আর আমরা তাঁদের পরাজিত করতে পারব এরও কোনো নিশ্চয়তা নেই। আর যাকে বধ না করে আমি বাঁচতে চাই না, সেই ধৃতরাষ্ট্র পুত্রও আমাদের সামনেই দাঁড়িয়ে আছে : ৬

कार्पण्यदोषोपहतस्वभावः पृच्छामि त्वां धर्मसंमूढचेताः ।
यच्छ्रेयः स्यान्निश्चितं ब्रूहि तन्मे शिष्यस्तेऽहं शाधि मां त्वां प्रपन्नम् । ७।

ভাবার্থ : মানসিক দুর্বলতার জন্য আমি কিংকর্তব্যবিমূঢ়, কি আমার ধর্ম, আমার জন্য কোনটা কল্যাণকর, তা আমি কিছুতেই বুঝতে পারছি না। আমি আপনার শিষ্য, আপনার শরণাগত। আমাকে শিক্ষা প্রদান করুন : ৭

न हि प्रपश्यामि ममापनुद्याद् यच्छोकमुच्छोषणमिन्द्रियाणाम् ।
अवाप्य भूमावसपत्नमृद्धं राज्यं सुराणामपि चाधिपत्यम् । ८ ।

ভাবার্থ : এই ভূমিতে যদি আমি নিষ্কন্টক রাজ্যও লাভ করি তথা দেবতাদের স্বর্গের অধিকার প্রাপ্ত করতে পারলেও, ইন্দ্রিয়ের কষ্ট দূর করার বা আমার শোক দূর করার মতো কোনো কারণ আমি খুঁজে পাচ্ছি না : ৮

সঞ্জয়ের বক্তব্য

एवमुक्त्वा हृषीकेशं गुडाकेशः परंतप ।
न योत्स्य इति गोविन्दमुक्त्वा तूष्णीं बभूव ह । ९ ।

ভাবার্থ : সঞ্জয় বলেন : হে রাজা ধৃতরাষ্ট্র, নিদ্রা জয়ী অর্জুন, ইন্দ্রোজিৎ শ্রীকৃষ্ণকে বলছেন, হে গোবিন্দ, আমি যুদ্ধ করতে পারব না। এই কথা স্পষ্ট ভাবে জানিয়ে অর্জুন চুপ করে বসে পড়েছেন : ৯

तमुवाच हृषीकेशः प्रहसन्निव भारत ।
सेनयोरुभयोर्मध्ये विषीदन्तमिदं वचः । १० ।

ভাবার্থ : হে ভরতবংশীয় ধৃতরাষ্ট্র, দুই পক্ষের সেনার মধ্যে দাঁড়িয়ে বিষাদ পূর্ণ অর্জুনকে শ্রীকৃষ্ণ হাসি মুখে বলছেন : ১০

শ্রী ভগবানের অমৃত বচন

अशोच्यानन्वशोचस्त्वं प्रज्ञावादांश्च भाषसे ।
गतासूनगतासूंश्च नानुशोचन्ति पण्डिताः । ११ ।

ভাবার্থ : ভগবান বলছেন : তুই ওদের জন্য শোক করছিস, যাদের জন্য তোর শোক করা উচিত নয় আর পন্ডিতদের মতো কথা বলছিস, কিন্তু পন্ডিত ব্যক্তিরা যারা মরে গেছে বা যারা জীবিত আছে তাদের জন্য কখনই শোক করে না : ১১

न त्वेवाहं जातु नासं न त्वं नेमे जनाधिपाः ।
न चैव न भविष्यामः सर्वे वयमतः परम् । १२ ।

ভাবার্থ : কারণ এমন কোনো কাল নেই, যে কালে আমি ছিলাম না, বা তুই ছিলিস না, বা এই রাজারা ছিল না। আর ভবিষ্যতে আমরা কেউই থাকব না, এ কথাও সত্য নয় : ১২

देहिनोऽस्मिन्यथा देहे कौमारं यौवनं जरा ।
तथा देहान्तपप्राप्तिर्धीरस्तत्र न मुह्यति । १३ ।

ভাবার্থ : দেহধারীদের যেমন বাল্যাবস্থা, যুবাবস্থা এবং বৃদ্ধাবস্থা আসে তেমনি অন্য দেহেরও প্রাপ্তি ঘটে। যারা এই বিষয় সম্পর্কে জানে, তারা কখনই কোনো মোহের জালে জরায় না : ১৩

मात्रास्पर्शास्तु कौन्तेय शीतोष्णसुखदुःखदाः ।
आगमापायिनोऽनित्यास्तांस्थितिक्षस्व भारत।१४।

ভাবার্থ : হে কুন্তীপুত্র, ঠান্ডা, গরম, সুখ-দুঃখ প্রভৃতি যত অনুভূতি আছে, এই সবই ইন্দ্রিয়ের সাথে সেই বিষয়ের সংযোগে উৎপন্ন হয়, এই সবই অস্থায়ী। হে ভরতবংশীয় অর্জুন, তুই এইসব সহ্য করার চেষ্টা কর : ১৪

यं हि न व्यथयन्त्येते पुरुषं पुरुषर्षभ ।
समदुःखसुखं धीरं सोऽमृतत्वाय कल्पते । १५ ।

ভাবার্থ : হে পুরুষশ্রেষ্ঠ, যে ধৈর্য্যবান পুরুষকে সুখ-দুঃখ ব্যাকুল করে না, সেই অমরত্ব লাভের অধিকারী হয় : ১৫

नासतो विद्यते भावो नाभावो विद्यते सतः ।
उभयोरपि दृष्टोऽन्तस्त्वनयोस्तत्त्वदर्शिभिः । १६ ।

ভাবার্থ : অসৎদের কোনো অস্তিত্ব থাকে না আর সৎ সর্বদাই বিরাজ করে। সৎ ও অসৎ-এর বিষয়ে এই নিষ্কর্ষ তত্ত্বজ্ঞানিরা জ্ঞাত করেছে : ১৬

अविनाशि तु तद्विद्धि येन सर्वमिदं ततम् ।
विनाशमव्ययस्यास्य न कश्चित्कर्तुमर्हति । १७ ।

ভাবার্থ : যার জন্য এই সারা জগৎ ব্যাপ্ত হয়ে আছে, তার কোনো নাশ নেই, এটা মনে রাখিস, এই অবিনাশীর নাশ করা কাউর পক্ষেই সম্ভব না : ১৭

अन्तवन्त इमे देहा नित्यस्योक्ताः शरीरिणः ।
अनाशिनोऽप्रमेयस्य तस्माद्युध्यस्व भारत । १८ ।

ভাবার্থ : হে ভরতবংশীয় অর্জুন, দেহধারণকারী আত্মা সর্বদাই বিদ্যমান থাকে, তা অবিনশ্বর, এটি অতুলনীয় অর্থাৎ আত্মার সাথে অন্য কোনো বস্তুর তুলনা করা যায় না, আর এই আত্মা ছাড়া দেহের নাশ ঘটে, তাই যুদ্ধ কর:১৮

य एनं वेत्ति हन्तारं यश्चैनं मन्यते हतम् ।
उभौ तौ न विजानीतो नायं हन्ति न हन्यते । १९ ।

ভাবার্থ : যে ব্যক্তি মনে করে যে, এই আত্মাকে মরে ফেলছে, বা যে কাউকে মরা বলে মনে করে, সে একেবারেই অজ্ঞানী, কারণ এই আত্মা না কাউকে মারে আর না কাউর দ্বারা মারা যায় : ১৯

न जायते म्रियते वा कदाचिन्नायं भूत्वा भविता वा न भूयः ।
अजो नित्यः शास्वतोऽयं पुराणो न हन्यते हन्यमाने शरीरे । २० ।

ভাবার্থ : এই আত্মা কখন জন্ম নেয় না, আর না তো কোনো কালে মারা যায়। আর তা পুনরায় উৎপন্নও হয় না। এই আত্মা জন্ম রহিত। নিত্য, শাশ্বত এবং পুরাতন। শরীরের বিনাশ ঘটলেও আত্মার কখনও বিনাশ ঘটে না :২০

वेदाविनाशिनं नित्यं य एनमजमव्ययम् ।
कथं स पुरुषः पार्थ कं घातयति हन्ति कम् । २१ ।

ভাবার্থ : হে পৃথাপুত্র অর্জুন, যে ব্যক্তি এই আত্মাকে অবিনশ্বর, স্থায়ী, অজন্মা এবং অব্যয় বলে জানে, সেই ব্যক্তি কিভাবে কাউকে মারতে পারে বা কিভাবে কাউকে মারাতে পারে :২১

वासांसि जीर्णानि यथा विहाय नवानि गृह्णाति नरोऽपराणि ।
तथा शरीराणि विहाय जीर्णा– न्यन्यानि संयाति नवानि देही । २२।

ভাবার্থ : মানুষ যেমন পুরানো বস্ত্র ত্যাগ করে নতুন বস্ত্র ধারণ করে, তেমনি আত্মাও জীর্ণ শরীর ত্যাগ করে নতুন শরীর ধারণ করে : ২২

नैनं छिन्दन्ति शस्त्राणि नैनं दहति पावकः ।
न चैनं क्लेदयन्त्यापो न शोषयति मारुतः । २३ ।

ভাবার্থ : এই আত্মাকে কোনো অস্ত্র কেটে নষ্ট করতে পারে না, আগুন তা জ্বালিয়ে নষ্ট করতে পারে না, জল তা গোলিয়ে ধ্বংস করতে পারে না, বায়ু তা শুকিয়ে নষ্ট করতে পারে না : ২৩

अच्छेद्योऽयमदाह्योऽयमक्लेद्योऽशोष्य एव च ।
नित्यः सर्वगतः स्थाणुरचलोऽयं सनातनः । २४ ।

ভাবার্থ : এই আত্মাকে কাটা যায় না, এর দহন করা যায় না, একে আর্দ্র করা সম্ভব নয়, আর তা শোকানোও যায় না, এটি নিত্য, সকলের ভেতরে অবস্থান করে, এটি অচল, অস্থির ও সনাতন : ২৪

अव्यक्तोऽयमचिन्त्योऽयमविकार्योऽयुमुच्यते ।
तस्मादेवं विदित्वैनं नानुशोचितुमर्हसि । २५ ।

ভাবার্থ : এই আত্মা কোনো ব্যক্তি নয়। এই আত্মা অচিন্ত্য। এই আত্মার কোনো পরিবর্তন হয় না। আত্মার বিশেষত্ব জানার পড়েও তোর মৃত্যুর জন্য শোক করা উচিত না : ২৫

अथचैनं नित्यजातं नित्यं वा मन्यसे मृतम् ।
तथापि त्वं महाबाहो नैवं शोचितुमर्हसि । २६ ।

ভাবার্থ :হে মহাবাহো অর্জুন,যদি তুইজানিস যে, আত্মা বারংবার জন্ম নেয়, আর বারংবার মারা যায় তাহলেও এই বিষয় নিয়ে শোক করা উচিত না : ২৬

जातस्य हि ध्रुवो मृत्युर्ध्रुवं जन्म मृतस्य च ।
तस्मादपरिहार्योऽर्थे न त्वं शोचितुमर्हसि । २७ ।

ভাবার্থ : যে জন্মাবে, সে অবশ্যই মারা যাবে, তেমনি যে মারা যাবে সেও অবশ্যই জন্মাবে।এই অবস্থা যখন নিশ্চিত হয়েই গেছে তখন শোক কিসের:২৭

अव्यक्तादीनि भूतानि व्यक्तमध्यानि भारत ।
अव्यक्तानिधान्येव तत्र का परिदेवना । २८ ।

ভাবার্থ : হে ভরতবংশীয় অর্জুন, সকল প্রাণধারী জন্ম গ্রহণের আগে অব্যক্ত অর্থাৎ অপ্রকট ছিল, শরীর ত্যাগ করার পরে তা পুনরায় অব্যক্ত অর্থাৎ অপ্রকট হয়ে যাবে। শুধু মাঝখানে শরীর ধারণ করার সময় তাকে দেখা যায়। এমন নশ্বর শরীরের জন্য শোক করে কি হবে : ২৮

आश्चर्यवत्पश्यति कश्चिदेनमाश्चर्यवद्वदति तथैव चान्यः ।
आश्चर्यवच्चैनमन्यः श्रृणोति श्रुत्वाप्येनं वेद न चैव कश्चित् । २९।

ভাবার্থ : কোনো জ্ঞানহীনই এই আত্মাকে আশ্চর্যের চোখে দেখে আর কোনো জ্ঞানহীনই এর ব্যাখ্যা প্রদানের চেষ্টা করতে পারে, আর হয় তো এমন লোক কমই আছে, যে শুনে আত্মার তত্ত্ব সম্পর্কে জানতে পারে : ২৯

देही नित्यमवध्योऽयं देहे सर्वस्य भारत ।
तस्मात्सर्वाणि भूतानि न त्वं शोचितुमर्हसि । ३० ।

ভাবার্থ : হে ভরতবংশীয় অর্জুন, সকলের দেহে নিরন্তর বসবাসকারী আত্মার বধ কখন কেউ করতে পারে না, তাই ভৌতিক তত্ত্ব দ্বারা নির্মিত এই দেহের মৃত্যুর জন্য শোক করা উচিত নয় : ৩০

स्वधर्ममपि चावेक्ष्य न विकम्पितुमर्हसि ।
धर्म्याद्धि युद्धाच्छ्रेयोऽन्यत्क्षत्रियस्य न विद्यते । ३१।

ভাবার্থ : নিজের ধর্মকে জেনেও তোর যুদ্ধ ক্ষেত্র থেকে সরে দাঁড়ানো উচিত নয়, কারণ ক্ষত্রিয়দের কাছে ধর্ম যুদ্ধের থেকে অধিক গুরুত্বপূর্ণ আর কিছু হোতেই পারে না : ৩১

यदृच्छया चोपपन्नं स्वर्गद्वारमपावृतम् ।
सुखिनः क्षत्रियाः पार्थ लभन्ते युद्धमीदृशम् । ३२ ।

ভাবার্থ : হে পৃথাপুত্র অর্জুন, নিজের থেকে যে যুদ্ধ তুই প্রাপ্ত করেছিস তাকে তুই স্বর্গের উন্মুক্ত দ্বার বলে মনে করতে পারিস। এমন সুযোগ ভাগ্যবান ক্ষত্রিয়রাই লাভ করে থাকে : ৩২

अथ चेत्त्वमिमं धर्म्यं संग्रामं न करिष्यसि ।
ततः स्वधर्मं कीर्तिं च हित्वा पापमवाप्स्यसि । ३३ ।

ভাবার্থ : তুই যদি ধর্মযুক্ত এই সংগ্রাম করতে না চাস, তাহলে তোর স্বধর্ম নষ্ট হয়ে যাবে এবং তোর অপযশ হবে আর তুই হবি পাপের ভাগী : ৩৩

अकीर्तिं चापि भूतानि कथयिष्यन्ति तेऽव्ययाम् ।
सम्भावितस्य चाकीर्तिर्मरणादतिरिच्यते । ३४ ।

ভাবার্থ : সকলে তোর এই অপকীর্তির কথা বহু দিন মনে রাখবে আর একজন সম্মানিত ব্যক্তির জন্য অপকীর্তি মৃত্যুর থেকেও বড়ো: ৩৪

भयाद्रणादुपरतं मंस्यन्ते त्वां महारथाः ।
येषां च त्वं बहुमतो भूत्वा यास्यसि लाघवम् । ३५।

ভাবার্থ : যে মহারথীরা তোকে বড়ো যোদ্ধার সম্মান দিয়েছে, তারা ভাববে যে, তুই ভয় পেয়ে এই যুদ্ধক্ষেত্র ছেড়ে পলায়ন করেছিস, তাতে করে ওরা তোকে তুচ্ছ বলে জ্ঞান করবে : ৩৫

अवाच्यवादांश्च बहून्वदिष्यन्ति तवाहिताः ।
निन्दन्तस्तव सामर्थ्यं ततो दुःखतरं नु किम् । ३६ ।

ভাবার্থ : আর শত্রুরা তোর পরাক্রম সম্পর্কে নিন্দা করে অশোভনীয় শব্দের প্রয়োগ করবে। এই অপশব্দ তোর জন্য খুবই দুঃখজনক হবে : ৩৬

हतो वा प्राप्स्यसि स्वर्गं जित्वा वा भोक्ष्यसे महीम् ।
तस्मादुत्तिष्ठ कौन्तेय युद्धाय कृतनिश्चयः । ३७ ।

ভাবার্থ : এর বিপরীত, যদি তুই যুদ্ধ করতে গিয়ে প্রাণ ত্যাগ করিস তাহলে স্বর্গ লাভ করবি,যদি জয় লাভ করিস তাহলে পৃথিবীর রাজ্য ভোগ করবি। তাই হে কুন্তিপুত্র অর্জুন, তুই যুদ্ধের জন্য দৃঢ় প্রত্যেয়ের সাথে প্রস্তুত হয়ে যা : ৩৭

सुखदुःखे समे कृत्वा लाभालाभौ जयाजयौ ।
ततो युद्धाय युज्यस्व नैवं पापमवाप्स्यसि । ३८ ।

ভাবার্থ : সুখ-দুঃখ, লাভ-ক্ষতি, জয়-পরাজয় প্রভৃতিকে এক জ্ঞান করে তুই যুদ্ধের জন্য প্রস্তুত হ। এইভাবে যুদ্ধ করলে তোর কোনো পাপ হবে না:৩৮

एषा तेऽभिहिता सांख्ये बुद्धिर्योगे त्विमां श्रृणुं ।
बुद्ध्या युक्तो यया पार्थ कर्मबन्धं प्रहास्यसि । ३९ ।

ভাবার্থ : হে পার্থ, এখনও পর্যন্ত আমি তোকে সাংখ্য অর্থাৎ জ্ঞানযোগের দৃষ্টিকোণের কথা বলেছি। এখন তোকে কর্মযোগের দৃষ্টিকোণ সম্পর্কে বলব। এই কথা বুঝতে পারলে তুই কর্ম বন্ধন থেকে মুক্তি লাভ করবি : ৩৯

नेहाभिक्रमनाशोऽस्ति प्रत्यवायो न विद्यते ।
स्वल्पमप्यस्य धर्मस्य त्रायते महतो भयात् । ४० ।

ভাবার্থ : কর্মযোগের চিন্তা করে যে চেষ্টা করা হয়, তা কখন ব্যর্থ হয়না এবং যদি তা পালনের সময় কোনো ভুল হয়ে যায়, তাহলেও কোনো দোষ নেই। এই অভিমুখে কৃত সামান্য চেষ্টাও মহাভয়ের হাত থেকে রক্ষা করে:৪০

व्यवसायात्मिका बुद्धिरेकेह कुरुनंदन ।
बहुशाखा ह्यनन्ताश्च बुद्धयोऽव्यवसायिनाम् । ४१।

ভাবার্থ : হে কুরুবংশীয় অর্জুন, কর্মযোগের ক্ষেত্রে উন্মুখ ব্যবসায়িক অর্থাৎ নিশ্চয়াত্মক বুদ্ধি একই। কামনার বশীভূত অব্যাবসায়িক অর্থাৎ অনিশ্চয়াত্মক বুদ্ধি কয়েক প্রকারের হয়ে থাকে : ৪১

यामिमां पुष्पितां वाचं प्रवदन्त्यविपश्चितः ।
वेदवादरताः पार्थ नान्यदस्तीति वादिनः । ४२ ।
कामात्मानः स्वर्गपरा जन्मकर्मफलप्रदाम् ।
क्रियाविशेषबहुलां भोगैश्वर्यगतिं प्रति । ४३ ।
भोगैश्वर्यप्रसक्तानां तयापहृतचेतसाम् ।
व्यवसायात्मिका बुद्धिः समाधौ न विधीयते । ४४।

ভাবার্থ : হে পার্থ,বেদের নামে যারা কুৎসা রটায়,সেই সমস্ত অবিবেকী লোকজন বলে যে,স্বর্গের ঐশ্বর্যই অন্তিম লক্ষ্য। বিভিন্ন আচার-অনুষ্ঠানের দ্বারাই তা প্রাপ্ত করা যায়। এই কথা শুনে ভোগের প্রতি আসক্ত লোকেদের নিশ্চয়াত্মক বুদ্ধি অস্থির হয়ে যায়। অস্থির বুদ্ধি সমাধিতেও স্থির হয় না : ৪২, ৪৩, ৪৪

त्रैगुण्यविषया वेदा निस्त्रैगुण्यो भवार्जुन ।
निर्द्वन्द्वो नित्यसत्त्वस्थो निर्योगक्षेम आत्मवान् । ४५।

ভাবার্থ : বেদে তিন গুণের সাথে যুক্ত প্রকৃতির বর্ণনা করা হয়েছে। তুই এই তিনগুণের থেকে ওপরে উঠে নির্দ্বন্দ্ব এবং ত্রিগুণাতীত হয়ে যা। পদার্থ প্রাপ্ত করার চেষ্টা করে বা এই পদার্থের রক্ষা করতে গিয়ে নিজের শক্তির অপব্যয় করিস না। সর্বদা স্থির থাকে এমন আত্মায় স্থিত হওয়ার চেষ্টা কর : ৪৫

यावानर्थ उदपाने सर्वतः संप्लुतोदके ।
तावान्सर्वेषु वेदेषु ब्राह्मणस्य विजानतः । ४६ ।

ভাবার্থ: বড়ো জলাশয় প্রাপ্ত করার পর যেমন ছোটো জলাশয়ের কোনো প্রয়োজন হয় না, তেমনিযে ব্রহ্মজ্ঞান লাভ করে তার বেদের প্রয়োজন হয়না: ৪৬

कर्मण्येवाधिकारस्ते मा फलेषु कदाचन ।
मा कर्मफलहेतुर्भूर्मा ते सङ्गोऽस्त्वकर्मणि । ४७ ।

ভাবার্থ : তোর অধিকার কর্ম করাতেই সীমাবদ্ধ। কর্মফল তোর অধিকারের বাইরে। তাই ফলের কথা ভেবে তুই কর্ম করিস না, আর এই কথাও ভাবিস না যে, ফলের আশা না করে কর্ম কেনো করব : ৪৭

योगस्थः कुरु कर्माणि सङ्गं त्यक्त्वा धनंजय ।
सिद्धियसिद्ध्योः समो भूत्वा समत्वं योग उच्यते । ४८ ।

ভাবার্থ : হে ধনঞ্জয় অর্জুন, কামনা ত্যাগ করে সফলতা এবং অসফলতাকে সমান মনে করে তুই কর্মের প্রতি একাগ্র হওয়ার চেষ্টা কর। কর্ম ফল মিলুক বা নাই মিলুক মনের যেন কোনো পরিবর্তন না হয়, তাকেই সমত্ব যোগ অর্থাৎ কর্ম যোগ বলা হয় : ৪৮

दूरेण ह्यवरं कर्म बुद्धियोगाद्धनंजय ।
बुद्धौ शरणमन्विच्छ कृपणाः फलहेतवः । ४९ ।

ভাবার্থ : হে ধনঞ্জয়, ফলের আশা করে কর্ম করলে সেই কর্ম নিম্নমানের হয়, এমন কর্মকারী মানুষেরা দয়ার পাত্র হয়ে ওঠে আর নিশ্চয়াত্মক বুদ্ধিতে নিষ্কাম ভাবে কর্ম করলে, সেই কর্ম শ্রেষ্ঠ কর্ম হয় : ৪৯

बुद्धियुक्तो जहातीह उभे सुकृतदुष्कृते ।
तस्माद्योगाय युज्यस्व योगः कर्मसु कौशलम् ।५०।

ভাবার্থ : নিশ্চয়াত্মক বুদ্ধি যুক্ত ব্যক্তি, ভালো এবং মন্দ, দুই প্রকারের কর্ম ফলের ভাগী হয় না। তাই কর্ম করার সময় বুদ্ধি স্থির রাখার চেষ্টা কর। এই কুশলতাকে যোগ বলে : ৫০

कर्मजं बुद्धियुक्ता हि फलं त्यक्त्वा मनीषिणः ।
जन्मबन्धविनिर्मुक्ताः पदं गच्छन्त्यनामयम् । ५१ ।

ভাবার্থ : কারণ নিশ্চয়াত্মক বুদ্ধি যুক্ত জ্ঞানীব্যক্তি কর্ম ফল ত্যাগ করে জন্ম বন্ধন থেকে মুক্ত হয়ে দুঃখ রহিত মোক্ষ লাভ করে : ৫১

यदा ते मोहकलिलं बुद्धिर्व्यतितरिष्यति ।
तदा गन्तासि निर्वेदं श्रोतव्यस्य श्रुतस्य च । ५२ ।

ভাবার্থ : যখন তোর বুদ্ধি মোহরূপ পাঁককে অতিক্রম করতে পারবে, তখন তোর বিভিন্ন প্রকারের মত-মতান্তরে বিরক্তি লাগবে : ৫২

श्रुतिविप्रतिपन्ना ते यदा स्थास्यति निश्चला ।
समाधावचला बुद्धिस्तदा योगमवाप्स्यसि । ५३ ।

ভাবার্থ : বিভিন্ন প্রকারের সিদ্ধান্ত শোনার পর তোর বুদ্ধি বিচলিত হওয়ার পর যখন তা সমাধিতে স্থির হয়ে যাবে তখন তুই কর্মযোগী হয়ে উঠবি : ৫৬

অর্জুনের বক্তব্য

स्थितप्रज्ञस्य का भाषा समाधिस्थस्य केशव ।
स्थितधीः किं प्रभाषेत किमासीत व्रजेत किम् । ५४।

ভাবার্থ : অর্জুন জিজ্ঞাসা করেন: হে কেশব, সমাধিতে স্থির বুদ্ধি যুক্ত ব্যক্তির লক্ষণ কি, সে কিভাবে কথা বলে, কেমন ভাবে বসে, কিভাবে চলে : ৫৪

শ্রী ভগবানের অমৃত কথা

प्रजहाति यदा कामान्सर्वान्पार्थ मनोगतान् ।
आत्मन्येवात्मना तुष्टः स्थितप्रज्ञस्तदोच्यते । ५५ ।

ভাবার্থ : ভগবান বলেন : যখন ব্যক্তি মনের কামনা ত্যাগ করে নিজেকে নিয়েই সন্তুষ্ট থাকে, তাকে স্থির বুদ্ধি বলা হয় : ৫৫

दुःखेष्वनुद्विग्नमनाः सुखेषु विगतस्पृहः ।
वीतरागभयक्रोधः स्थितधीर्मुनिरुच्यते । ५६ ।

ভাবার্থ : যে দুঃখে ব্যাকুল হয় না, সুখের লালসা করে না, যার মনে প্রীতি, ভয় বা ক্রোধ থাকে না, এমন অল্পভাষী মুণিকে স্থির বুদ্ধি সম্পন্ন বলা হয় : ৫৬

यः सर्वत्रानभिस्नेहस्तत्तत्प्राप्य शुभाशुभम् ।
नाभिनन्दति न द्वेष्टि तस्य प्रज्ञा प्रतिष्ठिता । ५७ ।

ভাবার্থ : যার মনে রাগ ও দ্বেষ বলে কিছু থাকে না। অনুকূলতা প্রসন্ন থাকে না, প্রতিকূলতায় দুঃখ পায় না, তার বুদ্ধি স্থির বুদ্ধি : ৫৭

यदा संहरते चायं कूर्मोऽङ्गानीव सर्वशः ।
इन्द्रियाणीन्द्रियार्थेभ्यस्तस्य प्रज्ञा प्रतिष्ठिता ।৫৮ ।

ভাবার্থ : স্থির বুদ্ধি সম্পন্ন ব্যক্তি নিজের ইন্দ্রিয় গুলিকে বিভিন্ন বিষয়ের থেকে এমন ভাবে গুটিয়ে রাখতে পারে, যেমন কচ্ছপ নিজের ইচ্ছানুসারে নিজের হাত-পা গুটিয়ে নিতে পারে : ৫৮

विषया विनिवर्तन्ते निराहारस्य देहिनः ।
रसवर्जं रसोऽप्यस्य परं दृष्ट्वा निवर्तते ।৫৯ ।

ভাবার্থ : ইন্দ্রিয় গুলি অনিয়ন্ত্রিত হলে বিষয়ের প্রতি চাহিদা থেকেই যায়। ব্রহ্ম-সৎকার থেকে এই চাহিদার নিবৃত্তি হোতে পারে : ৫৯

यततो ह्यपि कौन्तेय पुरुषस्य विपश्चितः ।
इन्द्रियाणि प्रमाथीनि हरन्ति प्रसभं मनः ।৬০ ।

ভাবার্থ : হে অর্জুন, এই ইন্দ্রিয়ের শক্তি এতই প্রখর যে, বুদ্ধিমান পুরুষরাও নিজেদের প্রতি নিয়ন্ত্রণ হারিয়ে বলপূর্বক সেই দিকেই প্রেরিত হয় : ৬০

तानि सर्वाणि संयम्य युक्त आसीत मत्परः ।
वशे हि यस्येन्द्रियाणि तस्य प्रज्ञा प्रतिष्ठिता ।৬১ ।

ভাবার্থ : এই সমস্ত ইন্দ্রিয় গুলিকে নিয়ন্ত্রণ করে আমার প্রতি একাগ্র হও, যার ইন্দ্রিয় তার অধীনে থাকে, সে স্থির বুদ্ধি সম্পন্ন হয় : ৬১

ध्यायतो विषयान्पुंसः सङ्गस्तेषूपजायते ।
सङ्गात्संजायते कामः कामात्क्रोधोऽभिजायते ।৬২।
क्रोधाद्भवति सम्मोहः सम्मोहात्स्मृतिविभ्रमः ।
स्मृतिभ्रंशाद् बुद्धिनाशो बुद्धिनाशात्प्रणश्यति ।৬৩।

ভাবার্থ : ইন্দ্রিয় গুলি যখন কোনো বিষয় নিয়ে চিন্তা করে তখন সেই বিষয়ের প্রতি মোহের সৃষ্টি হয়। মোহের দ্বারা কামনার সঞ্চার হয়। কামনা-পূর্তিতে বাধার সৃষ্টি হলে ক্রোধের জন্ম হয়। ক্রোধের দ্বারা মূঢ়তার সৃষ্টি হয়। মূঢ়তার ফলে স্মৃতি ভ্রমিত হয়। স্মৃতি-ভ্রমের ফলে বুদ্ধির নাশ হয়। আর বুদ্ধির নাশ ঘটলে ব্যক্তির পতন অনিবার্য : ৬২, ৬৩

रागद्वेषवियुक्तैस्तु विषयानिन्द्रियैश्चरन् ।
आत्मवश्यैर्विधेयात्मा प्रसादमधिगच्छति ।৬৪ ।

ভাবার্থ : অন্তঃকরণ আর ইন্দ্রিয় গুলিকে নিজের অধীনে করে তা থেকে রাগ দ্বেষ দূর করে যে ব্যক্তি ইন্দ্রিয় গুলির বিষয় ভোগ করে, সে অন্তরঃকরণে শান্তি প্রাপ্ত করে থাকে : ৬৪

प्रसादे सर्वदु:खानां हानिरस्योपजायते ।
प्रसन्नचेतसो ह्याशु बुद्धिः पर्यवतिष्ठते । ६५ ।

ভাবার্থ : এই শান্তির ফলে তার দুঃখের অবসান হয়। যার মন শান্ত, তার বুদ্ধি স্থির হয় : ৬৫

नास्ति बुद्धिरयुक्तस्य न चायुक्तस्य भावना ।
न चाभावयतः शान्तिरशान्तस्य कुतः सुखम् ।६६।

ভাবার্থ : যে ব্যক্তি কর্মযোগী নয়, তার বুদ্ধি নিশ্চয়াত্মক হোতে পারে না, তার কোনো আস্থা থাকে না। যে মনে আস্থা থাকে না সেই মন কখন শান্তি লাভ করে না। শান্তি ছাড়া সুখ লাভ করা যায় না : ৬৬

इन्द्रियाणां हि चरतां यन्मनोऽनु विधीयते ।
तदस्य हरति प्रज्ञां वायुर्नावमिवाम्भसि । ६७ ।

ভাবার্থ : যে ইন্দ্রিয়ের সাথে মনের যোগ থাকে, সেই ইন্দ্রিয়ই বুদ্ধি তছনছ করে দেয়। যেমন জলের মধ্যে বায়ু এসে নৌকা তছনছ করে দিতে পারে : ৬৭

तस्माद्यस्य महाबाहो निगृहीतानि सर्वशः ।
इन्द्रियाणीन्द्रियार्थेभ्यस्तस्य प्रज्ञा प्रतिष्ठिता । ६८ ।

ভাবার্থ : তাই হে মহান বাহুযুক্ত অর্জুন, যে ব্যক্তি নিজের ইন্দ্রিয় গুলিকে বিষয়ের থেকে দূরে রাখতে পারে, তার বুদ্ধি স্থির থাকে : ৬৮

या निशा सर्वभूतानां तस्यां जागर्ति संयमी ।
यस्यां जाग्रति भूतानि सा निशा पश्यतो मुनेः ।६९।

ভাবার্থ: সাধারণ মানুষদের কাছে যা রাত্রি, স্থির ব্যক্তি সম্পন্ন ব্যক্তিদের জন্য তা দিন। সাধারণ মানুষদের কাছে যা দিন, তত্ত্বজ্ঞানী ব্যক্তিদের কাছে তা রাত : ৬৯

आपूर्यमाणमचलप्रतिष्ठं समुद्रमापः प्रविशन्ति यद्वत् ।
तद्वत्कामा यं प्रविशन्ति सर्वे स शान्तिमाप्नोति न कामकामी । ७० ।

ভাবার্থ : সমুদ্রে যেমন চারদিক থেকে জলপ্রবাহ হওয়া সত্ত্বেও তার তট কখনও ভাঙে না, তেমনি কোনো ব্যক্তি যদি নিজের মধ্যে কামনাকে ধরে রাখতে পারে তাহলে সেই কামনা তাকে কখনও অশান্ত করতে পারে না। আর ভোগের কামনা থাকলে কোনো ব্যক্তিই শান্তি পায় না : ৭০

विहाय कामान्यः सर्वान्पुमांश्चरति निःस्पृहः ।
निर्ममो निरहङ्कारः स शान्तिमधिगच्छति । ७१ ।

ভাবার্থ : যে ব্যক্তি সমস্ত কামনা ত্যাগ করে, ইচ্ছারহিত, মমতারহিত এবং অহংকার রহিত হয়ে সংসারে বিচরণ করে, সে শান্তি লাভ করে : ৭১

एषा ब्राह्मी स्थितिः पार्थ नैनां प्राप्य विमुह्यति ।
स्थित्वास्यामन्तकालेऽपि ब्रह्मनिर्वाणमृच्छति ।७२।

ভাবার্থ : হে পৃথাপুত্র অর্জুন, এটি ব্রাহ্মী অবস্থার লক্ষণ। এই অবস্থায় পৌঁছে কোনো ব্যক্তি মোহজালে আবদ্ধ হয় না। সে ব্যক্তি নিজের শেষ অবস্থায় এমন স্থিতি বজায় রাখতে পারে সে ব্রহ্মলীন হয়ে যায় : ৭২

इति श्रीमद्भगवद्गीतासूपनिषत्सु ब्रह्मविद्यायां योगशास्त्रे श्रीकृष्णार्जुनसंवादे सांख्योगो नाम द्वितीयोऽध्यायः ।। २ ।।

শ্রীমদ্ভগবদ্গীতা রূপী উপনিষদ এবং ব্রহ্মবিদ্যা তথা যোগশাস্ত্রবিষয়ক শ্রীকৃষ্ণ এবং অর্জুনের সংলাপের 'সাংখ্যযোগ' নামক দ্বিতীয় অধ্যায় সম্পন্ন হল।

●●●

তৃতীয় অধ্যায়

কর্মযোগ

অর্জুনের বক্তব্য

ज्यायसी चेत्कर्मणस्ते मता बुद्धिर्जनार्दन ।
तत्किं कर्मणि घोरे मां नियोजसि केशव । १ ।

ভাবার্থ : অর্জুন বলেন, হে জনার্দন, আপনার মতানুসারে যদি জ্ঞান কর্মের থেকে শ্রেষ্ঠ হয় তাহলে হে কেশব, আমাকে যুদ্ধের মতো ভয়ঙ্কর কর্মের জন্য কেনো প্রেরিত করা হচ্ছে : ১

व्यामिश्रेणेव वाक्येन बुद्धिं मोहयसीव मे ।
तदेकं वद निश्चित्य येन श्रेयोऽहमाप्नुयाम् । २ ।

ভাবার্থ : আপনি জটিল কথা বলে আমার বুদ্ধিকে মোহিত করছেন, এই ব্যাপারে আপনি নিজের নিশ্চিত মত জানান, যা আমার জন্য শুভ হবে : ২

শ্রী ভগবানের অমৃত কথা

लोकेऽस्मिन्द्विविधा निष्ठा पुरा प्रोक्ता मयानघ ।
ज्ञानयोगेन सांख्यानां कर्मयोगेन योगिनाम् । ३ ।

ভাবার্থ : ভগবান বলেন , হে নিষ্পাপ অর্জুন, আমি আগেই এই লোকের দুই প্রকারের আস্থার কথা বলেছি। সাংখ্যমার্গিরা যদি জ্ঞানযোগের ওপর আস্থা রাখে তাহলে ভালো, আর কর্মযোগীদের নিষ্কাম কর্মের প্রতি আস্থা রাখা উচিত :৩

न कर्मणामनारंभान्नैष्कर्म्यं पुरुषोऽश्नुते ।
न च संन्यसनादेव सिद्धिं समधिगच्छति । ४ ।

ভাবার্থ: কোনো ব্যক্তি যদি কর্মের শুরু না করে বা কর্ম ত্যাগ করার জন্য সন্ন্যাস ধারণ করে নেয় তাহলে তা নিষ্কাম কর্ম বলে সিদ্ধ হয় না : ৪

न हि कश्चित्क्षणमपि जातु तिष्ठत्यकर्मकृत् ।
कार्यते ह्यवशः कर्म सर्वः प्रकृतिजैर्गुणैः । ५ ।

ভাবার্থ : কোনো ব্যক্তিই ক্ষণিকের জন্য কর্ম ছাড়া থাকতে পারে না। প্রকৃতির গুণেই সকলকে কর্ম করার জন্য ক্রমাগত প্রেরিত করা হয় : ৫

कर्मेन्द्रियाणि संयम्य य आस्ते मनसा स्मरन् ।
इन्द्रियार्थान्विमूढात्मा मिथ्याचारः स उच्यते ।६।

ভাবার্থ : যে ব্যক্তি হঠকারীতার সাথে কর্মেন্দ্রিয়কে বাধা দিয়ে মন দিয়ে ইন্দ্রিয়ের বিষয়ে চিন্তা করে, সে মূঢ় ও ধূর্ত : ৬

यस्त्विन्द्रियाणि मनसा नियम्यारभतेऽर्जुन ।
कर्मेन्द्रियैः कर्मयोगमसक्तः स विशिष्यते ।७।

ভাবার্থ : হে অর্জুন, যে ব্যক্তি মন দ্বারা ইন্দ্রিয় গুলিকে বশ করে অনাসক্ত ভাবে কর্মেন্দ্রিয় দ্বারা কর্ম করে, সেই শ্রেষ্ঠ : ৭

नियतं कुरु कर्म त्वं कर्म ज्यायो ह्यकर्मणः ।
शरीरयात्रापि च ते न प्रसिद्ध्येकर्मणः ।८।

ভাবার্থ : কর্তব্য-কর্ম তুই শাস্ত্রোক্ত ভাবে কর। কারণ কর্ম না করার চেয়ে কর্ম করা শ্রেষ্ঠ। তুই যদি কর্ম না করিস তাহলে তোর শরীরের নির্বাহ হবে না : ৮

यज्ञार्थात्कर्मणोऽन्यत्र लोकोऽयं कर्मबन्धनः ।
तदर्थं कर्म कौन्तेय मुक्तसंङ्गः समाचर ।९।

ভাবার্থ : যজ্ঞ রূপে কৃত কর্ম বন্ধনের কারণ হয় না। আসক্ত ভাব নিয়ে করা কর্ম বন্ধনের কারণ হয়। তাই হে কুন্তীপুত্র অর্জুন, তুই অনাসক্ত ভাবে কর্ম কর : ৯

सहयज्ञाः प्रजाः सृष्ट्वा पुरोवाच प्रजापतिः ।
अनेन प्रसविष्यध्वमेष वोऽस्त्विष्टकामधुक् ।१०।
देवान्भावयतानेन ते देवा भावयन्तु वः ।
परस्परं भावयन्तः श्रेयः परमवाप्स्यथ ।११।

ভাবার্থ : প্রজাপতি কল্পের শুরুতেই যজ্ঞের সাথে প্রজাকে উৎপন্ন করে বলেছিলেন, এই যজ্ঞের দ্বারা তোমরা বুদ্ধি প্রাপ্ত করো আর এই যজ্ঞ তোমাদের কামনা গুলিকেও পূরণ করবে। এই যজ্ঞের দ্বারা তোমরা দেবতাদের সন্তুষ্ট করো আর দেবতারাও তোমাদের সন্তুষ্ট করবে। একে অপরকে সন্তুষ্ট করে তোমরা ইষ্ট ফল লাভ করবে : ১০, ১১

इष्टान्भोगान्हि वो देवा दास्यन्ते यज्ञभाविताः ।
तैर्दत्तानप्रदायैभ्यो यो भुङ्क्ते स्तेन एव सः ।१२।

ভাবার্থ : এই যজ্ঞে সন্তুষ্ট দেবতা তোমাকে তোমার প্রিয় ভোগ পদার্থ দেবেন। তাঁর প্রদেয় ভোগ যে বন্টিত না করে নিজে ভোগ করার চেষ্টা করে, সে চোর : ১২

यज्ञशिष्टाशिनः सन्तो मुच्यन्ते सर्वकिल्बिषैः ।
भुञ्जते ते त्वघं पापा ये पचन्त्यात्मकारणात् । १३।

ভাবার্থ : যে যজ্ঞ থেকে প্রাপ্ত বস্তুর অবশিষ্ঠাংশ ভক্ষণ করে সে পাপ মুক্ত হয়, কিন্তু যে শুধুমাত্র নিজের জন্য খাদ্য তৈরি করে সে হয় পাপী :১৩

अन्नाद्भवति भूतानि पर्जन्यादन्नसंभवः ।
यज्ञाद्भवति पर्जन्यो यज्ञः कर्मसमुद्भवः । १४ ।

ভাবার্থ : এই প্রাণী জগত বেঁচে আছে অন্নের জন্য, বর্ষার ফলে অন্নের সৃষ্টি হয়, বর্ষা আসে যজ্ঞের থেকে, আর যজ্ঞ সম্পন্ন হয় কর্মের দ্বারা : ১৪

कर्म ब्रह्मोद्भवं विद्धि ब्रह्माक्षरसमुद्भवम् ।
तस्मात्सर्वगतं ब्रह्म नित्यं यज्ञे प्रतिष्ठितम् । १५ ।

ভাবার্থ : কর্মের উদ্গম হয় ব্রহ্ম থেকে আর ব্রহ্ম অক্ষর ব্রহ্মের থেকে উৎপন্ন হয়। সর্বব্যাপী ব্রহ্ম যজ্ঞের দ্বারা প্রতিষ্ঠিত হয় : ১৫

एवं प्रवर्तितं चक्रं नानुवर्तयतीह यः ।
अघायुरिन्द्रियारामो मोघं पार्थ स जीवति । १६ ।

ভাবার্থ : হে পার্থ, যে ব্যক্তি সৃষ্টি চক্রের অনুসারে নিজের যোগদান করে না, সে ইন্দ্রিয় সুখ যাপনকারী পাপী, তার বেঁচে থাকা ব্যর্থ : ১৬

यस्त्वात्मरतिरेव स्यादात्मतृप्तश्च मानवः ।
आत्मन्येव च संतुष्टस्तस्य कार्यं न विद्यते । १७ ।
नैव तस्य कृतेनार्थो नाकृतेनेह कश्चन ।
न चास्य सर्वभूतेषु कश्चिदर्थव्यपाश्रयः । १८ ।

ভাবার্থ : যে মানুষ নিজের আত্মাকে ভালোবাসে, আত্মাতে তৃপ্ত থাকে আর আত্মাতেই সন্তুষ্ট থাকে, তার কাছে কর্তব্য বলে কিছু থাকে না, কারণ এই আত্মচেতা ব্যক্তির জন্য কর্ম করার কোনো নিজেস্ব প্রয়োজন থাকে না। কোনো ভৌতিক পদার্থ, বা প্রাণীর সাথে তার স্বার্থের সম্পর্ক থাকে না : ১৭, ১৮

तस्मादसक्तः सततं कार्यं कर्म समाचार ।
असक्तो ह्याचरन्कर्म परमाप्नोति पूरुषः । १९ ।

ভাবার্থ : তুই অনাসক্ত হয়ে নিরন্তর নিজের কর্তব্য ও কর্ম কর, কারণ অনাসক্ত হয়ে যে কাজ করে সে পরম মোক্ষ লাভ করে : ১৯

कर्मणैव हि संसिद्धिमास्थिता जनकादयः ।
लोकसंग्रहमेवापि संपश्यन्कर्तुमर्हसि । २० ।

ভাবার্থ : জনকের মতো জ্ঞানী ব্যক্তিরা আসক্তি হীন হয়ে কর্ম করেছিলেন বলেই সিদ্ধি লাভ করেছেন। সুতরাং তোকে লোক-কল্যাণের কাজ করতে হবে : ২০

यद्यदाचरति श्रेष्ठस्तत्तदेवेतरो जनः ।
स यत्प्रमाणं कुरुते लोकस्तदनुवर्तते । २१ ।

ভাবার্থ : শ্রেষ্ঠ পুরুষ যেমন আচরণ করে, তা দেখে অন্য লোকেরাও তেমনি কাজ করতে শুরু করে। পথপ্রদর্শনকারীর আচরণ অনুগামিদের জন্য মানদণ্ডের মতো কাজ করে : ২১

न मे पार्थास्ति कर्तव्यं त्रिषु लोकेषु किंचन ।
नानवाप्तमवाप्तव्यं वर्त एव च कर्मणि । २२ ।

ভাবার্থ : হে পার্থ, ত্রিভূবনে এমন কোনো বস্তু নেই, যা আমার হাতের নাগালের মধ্যে নেই, আমি সমস্ত রকম কর্তব্যের থেকে মুক্ত, তবুও কর্ম করতে থাকি :২২

यदि ह्यहं न वर्तेयं जातु कर्मण्यतन्द्रितः ।
मम वर्त्मानुवर्तन्ते मनुष्याः पार्थ सर्वशः । २३ ।

ভাবার্থ : হে পার্থ, আমি যদি সাবধানতার সাথে কাজ না করি তাহলে, অলস ব্যক্তিরা আমাকে অনুসরণ করে কাজ করাই ছেড়ে দেবে :২৩

उत्सीदेयुरिमे लोका न कुर्यां कर्म चेदहम् ।
संकरस्य च कर्ता स्यामुपहन्यामिमाः प्रजाः । २४ ।

ভাবার্থ : আমি যদি কর্ম না করি তাহলে সাধারণ লোকেরা পথভ্রষ্ট হয়ে যাবে। অব্যবস্থার সৃষ্টি হবে, আর এই অব্যবস্থার কারণ হব আমি : ২৪

सक्ताः कर्मण्यविद्वांसो यथा कुर्वन्ति भारत ।
कुर्याद्विद्वांस्तथासक्तश्चिकीर्षुर्लोकसंग्रहम् । २५ ।

ভাবার্থ : তাই হে ভরতবংশীয় অর্জুন, অজ্ঞানীরা নিজেদের কামনা এবং আসক্তির জন্য কাজ করে। জ্ঞানীজনেদের উচিত লোক-শিক্ষণের দৃষ্টিতে অনাসক্ত হয়ে কাজ করা :২৫

न बुद्धिभेदं जनयेदज्ञानां कर्मसङ्गिनाम् ।
जोषयेत्सर्वकर्माणि विद्वान्युक्तः समाचरन् । २६ ।

ভাবার্থ:জ্ঞানীজনেদের, আসক্তি পূর্বক কর্মসম্পাদনকারী অজ্ঞানীদের নিজেদের জ্ঞান দ্বারা ভ্রমিত করা উচিত নয়। বরং নিজেদের ভারসাম্যযুক্ত কাজ করে তাদের দিয়ে তাদের বুদ্ধি অনুসারে কাজ করানো উচিত : ২৬

प्रकृतेः क्रियमाणानि गुणैः कर्माणि सर्वशः ।
अहङ्कारविमूढात्मा कर्ताहमिति मन्यते । ২৭ ।

ভাবার্থ : সত্ত্ব, রজ এবং তম, এই তিন গুণ যুক্ত প্রকৃতি ব্যক্তিদের দিয়ে কাজ করিয়ে থাকে, কিন্তু অহংকারে অন্ধ ব্যক্তি নিজেকে কর্তা বলে মনে করে : ২৭

तत्त्ववित्तु महाबाहो गुणकर्मविभागयोः ।
गुणा गुणेषु वर्तन्त इति मत्वा न सज्जते । ২৮ ।

ভাবার্থ : কিন্তু হে মহান ভুজাধারী অর্জুন, গুণ-বিভাগ ও কর্ম-বিভাগ সম্পর্কে জ্ঞাত ব্যক্তি এই ভেবে কাজ করে না যে, গুণ গুণের মধ্যে সর্বোৎকৃষ্ট, আমি তার থেকে আলদা : ২৮

प्रकृतेर्गुणसंमूढाः सज्जन्ते गुणकर्मसु ।
तानकृत्स्नविदो मन्दान्कृत्स्नविन्न विचालयेत् । ২৯।

ভাবার্থ : অজ্ঞানী ব্যক্তিগণ প্রকৃতির গুণ দ্বারা মোহিত হয়ে প্রকৃতির গুণ দ্বারা উৎপন্ন কর্মেই আসক্ত থাকে, এই অজ্ঞানী জনেদের আত্মজ্ঞান প্রদান করে কর্মের থেকে বিমুখ করো না : ২৯

मयि सर्वाणि कर्माणि संन्यस्याध्यात्मचेतसा ।
निराशीर्निर्ममो भूत्वा युध्यस्व विगतज्वरः । ३० ।

ভাবার্থ : অধ্যাত্মভরে চিত্তে তুই সমস্ত কর্ম আমাকে সমর্পিত করে আশা, মমতা আর শোক হীন হয়ে যুদ্ধ কর : ৩০

ये मे मतमिदं नित्यमनुतिष्ठन्ति मानवाः ।
श्रद्धावन्तोऽनसूयन्तो मुच्यन्ते तेऽपि कर्मभिः । ३१।

ভাবার্থ : যে শ্রদ্ধাবান আমার এই কথনের মধ্যে দোষের সন্ধান না করে, আমার মতানুসারে আচরণ করে, সে কর্মের ফল থেকে মুক্ত হয় : ৩১

ये त्वेतदभ्यसूयन्तो नानुतिष्ठन्ति मे मतम् ।
सर्वज्ञानविमूढांस्तान्विद्धि नष्टानचेतसः । ३२ ।

ভাবার্থ : আর যে অজ্ঞানী ব্যক্তি আমার এই মতানুসারে চলে না, এর মধ্যে দোষের সন্ধান করতে থেকে, তাকে নষ্ট বলে মনে কর : ৩২

सदृशं चेष्टते स्वस्याः प्रकृतेर्ज्ञानवानपि ।
प्रकृतिं यान्ति भूतानि निग्रहः किं करिष्यति । ३३ ।

ভাবার্থ : যেহেতু সমস্ত জ্ঞানী ও অজ্ঞানীরা নিজেদের প্রকৃতির গুণ অনুসারে কাজ করে, তাদের বাধা দান করে কোনো রকম লাভ হয় না : ৩৩

इन्द्रियस्येन्द्रियस्यार्थे रागद्वेषौ व्यवस्थितौ ।
तयोर्न वशमागच्छेत्तौ ह्यस्य परिपन्थिनौ । ३४ ।

ভাবার্থ : প্রত্যেক ইন্দ্রিয়েরই কোনো না কোনো বিষয়ের ওপর অনুরাগ অর্থাৎ প্রীতি থাকে, কোনো বিষয়ের প্রতি রাগ অর্থাৎ ঘৃণা থাকে। এই রাগ-দ্বেষের অধীনে থাকা উচিত না কারণ রাগ-দ্বেষ কল্যাণ মার্গের শত্রু হয় : ৩৪

श्रेयान्स्वधर्मो विगुणः परधर्मात्स्वनुष्ठितात् ।
स्वधर्मे निधनं श्रेयः परधर्मो भयावहः । ३५ ।

ভাবার্থ : নিজের ধর্ম গুণহীন হলেও তা অপরের ধর্মের চেয়ে অনেক শ্রেয়। নিজের ধর্মকে ঠিক ভাবে পালন করে মরাও ভালো। পরের ধর্ম ভয় প্রদানকারী হয় : ৩৫

অর্জুনের বক্তব্য

अथ केन प्रयुक्तोऽयं पापं चरति पूरुषः ।
अनिच्छन्नपि वार्ष्णेय बलादिव नियोजितः । ३६ ।

ভাবার্থ : অর্জুন জিজ্ঞাসা করেন, হে বৃষ্ণি বংশের প্রদীপ শ্রীকৃষ্ণ ব্যক্তি না চাইতেও কোনো প্রেরণার জন্য পাপ করতে বিবশ হয়ে পড়ে : ৩৬

শ্রী ভগবানের অমৃত কথা

काम एष क्रोध एष रजोगुणसमुद्भवः ।
महाशनो महापाप्मा विद्ध्येनमिह वैरिणम् । ३७ ।

ভাবার্থ : ভগবান বলেন, রজোগুণ থেকে উৎপন্ন কামনা আর কামনা থেকে উৎপন্ন হওয়া ক্রোধ পাপের কারণ হয়ে ওঠে। এই কামনার তৃপ্তি অসম্ভব, একে শত্রু ভেবে এর থেকে দূরে থাক : ৩৭

धूमेनाव्रियते वह्निर्यथादर्शो मलेन च ।
यथोल्बेनावृतो गर्भस्तथा तेनेदमावृतम् । ३८ ।

ভাবার্থ : ধোঁয়ার দ্বারা যেমন অগ্নি, ধূলোর দ্বারা দর্পণ ঝিল্লীর দ্বারা গর্ভস্থ শিশু আবৃত থাকে তেমনি কামনার দ্বারা জ্ঞান ঢাকা পড়ে যায় : ৩৮

आवृतं ज्ञानमेतेन ज्ञानिनो नित्यवैरिणा ।
कामरूपेण कौन्तेय दुष्पूरेणानलेन च । ३९ ।

ভাবার্থ : হে কুন্তী পুত্র অর্জুন, এই কামনা জ্ঞানী পুরুষদের শত্রু। এটা এমন অগ্নি যা কখন তৃপ্ত হয় না, এটা আবরণে জ্ঞান ঢাকা পড়ে যায় মাত্র : ৩৯

इन्द्रियाणि मनो बुद्धिरस्याधिष्ठानमुच्यते ।
एतैर्विमोहयत्येष ज्ञानमावृत्य देहिनम् । ४० ।

ভাবার্থ : ইন্দ্রিয়, মন এবং বুদ্ধিকে কামনার বাসস্থান বলা হয়। মন, বুদ্ধি এবং ইন্দ্রিয় দ্বারা এই কামনা জ্ঞানকে আচ্ছন্ন করে দেহধারী আত্মাকে মোহের জালে জরিয়ে দেয়:৪০

तस्मात्त्वमिन्द्रियाण्यादौ नियम्य भरतर्षभ ।
पाप्मानं प्रजहि ह्येनं ज्ञानविज्ञाननाशनम् । ४१ ।

ভাবার্থ : এরজন্য হে ভরতবংশীয় অর্জুন, তুই ইন্দ্রিয়কে বশীভূত করে নে, জ্ঞান এবং বিজ্ঞানের নাশকারী পাপী কামনাকে মেরে ফেল : ৪১

इन्द्रियाणि पराण्याहुरिन्द्रियेभ्यः परं मनः ।
मनसस्तु परा बुद्धिर्यो बुद्धेः परतस्तु सः । ४२ ।

ভাবার্থ : ইন্দ্রিয়ের চেয়ে মন শ্রেষ্ঠ হয়, মন থেকে বুদ্ধি শ্রেষ্ঠ হয় আর বুদ্ধির থেকে আত্মা শ্রেষ্ঠ হয় : ৪২

एवं बुद्धेः परं बुद्ध्वा संस्तभ्यात्मानमात्मना ।
जहि शत्रुं महाबाहो कामरूपं दुरासदम् । ४३ ।

ভাবার্থ : হে মহাবাহু অর্জুন, তুই আত্মার থেকে বুদ্ধিকে শ্রেষ্ঠ বলে মনে করে, মনকে বশে এনে কামনারূপী শত্রুকে মেরে ফেল : ৪৩

॥ इति श्रीमद्भगवद्गीतासूपनिषत्सु ब्रह्मविद्यायां योगशास्त्रे
श्रीकृष्णार्जुनसंवादे कर्मयोगो नाम तृतीयोऽध्यायः ॥ ३ ॥

শ্রীমদ্‌ভগবদ্‌গীতা রূপী উপনিষদ্ এবং ব্রহ্মবিদ্যা তথা যোগশাস্ত্রবিষয়ক শ্রীকৃষ্ণ আর অর্জুনের সংলাপ 'কর্মযোগ' নামক তৃতীয় অধ্যায় সম্পূর্ণ হল।

● ● ●

চতুর্থ অধ্যায়

জ্ঞান, কর্ম, সন্ন্যাস যোগ

শ্রী ভগবানের অমৃত কথা

इमं विवस्वते योगं प्रोक्तवानहमव्ययम् ।
विवस्वान्मनवे प्राह मनुरिक्ष्वाकवेऽब्रवीत् । १ ।

ভাবার্থ : ভগবান বলেন, অনন্ত কাল ধরে প্রবাহিত এই কর্মযোগের কথা আমি বিবস্বানকে বলেছিলাম, বিবস্বান তা মনুকে বলে আর মনু তা ইক্ষ্বাকুকে বলে : ১

एवं परम्पराप्राप्तमिमं राजर्षयो विदु: ।
स कालेनेह महता योगो नष्ट: परन्तप । २ ।

ভাবার্থ : হে শত্রুদের জন্য অনুতাপকারী অর্জুন, এইভাবে পরম্পরা ধরে চলে আসা কর্মযোগের কথা রাজর্ষিরা জানতে পারে। তারপর এই যোগ বহু সময়ের জন্য লুপ্ত হয়ে গেছিল : ২

स एवायं मया तेऽद्य योग: प्रोक्त: पुरातन: ।
भक्तोऽसि मे सखा चेति रहस्यं ह्येतदुत्तमम् । ३ ।

ভাবার্থ : এই যোগের কথা সকলকে বলা যায় না। তুই আমার ভক্ত এবং আমার বন্ধু, তাই আমি তোকে এই অতি প্রাচীন যোগের রহস্যের কথা বলব : ৩

অর্জুনের বক্তব্য

अपरं भवतो जन्म परं जन्म विवस्वत: ।
कथमेतद्विजानीयां त्वमादौ प्रोक्तवानिति । ४ ।

ভাবার্থ : অর্জুন বলেন, হে ভগবান, আপনার জন্ম পরে হয়েছে, বিবস্বান আগে জন্ম গ্রহণ করেছিলেন। আমি কিভাবে বুঝব যে, আপনিই এই কর্মযোগের কথা বিবস্বানকে জানিয়েছিলেন : ৪

बहूनि मे व्यतीतानि जन्मानि तव चार्जुन ।
तान्यहं वेद सर्वाणि न त्वं वेत्थ परन्तप । ५ ।

ভাবার্থ : ভগবান বলেন, হে শত্রুদের জন্য অনুতাপকারী অর্জুন, আমি আর তুই বহু জন্ম নিয়ে ফেলেছি। আমি সেই সমস্ত জন্মের কথা জানি কিন্তু তুই জানিস না : ৫

अजोऽपि सन्नव्ययात्मा भूतानामीश्वरोऽपि सन् ।
प्रकृतिं स्वामधिष्ठाय संभवाम्यात्ममायया । ६ ।

ভাবার্থ : যদিও আমি জন্ম রহিত, আমি নাশ রাহিত, আমি পঞ্চতত্ত্ব যুক্ত প্রাণীদের স্বামী, তাই আমার জন্ম প্রকৃতির নিয়মানুসারে হয় না। আমি নিজের মায়ার দ্বারা প্রকটিত হই : ৬

यदा यदा हि धर्मस्य ग्लानिर्भवति भारत ।
अभ्युत्थानमधर्मस्य तदात्मानं सृजाम्यहम् । ७ ।

ভাবার্থ : হে ভরতবংশীয় অর্জুন, যখনই ধর্মের অবনতি আর অধর্মের বৃদ্ধি হয়, তখনই আমি নিজেকে প্রকট করি : ৭

परित्राणाय साधूनां विनाशाय च दुष्कृताम् ।
धर्मसंस्थापनार्थाय सम्भवामि युगे युगे । ८ ।

ভাবার্থ : সাধুব্যক্তিদের রক্ষা করার জন্য আর দুষ্টদের বিনাশ করার জন্য আমি যুগে যুগে প্রকটিত হই : ৮

जन्म कर्म च मे दिव्यमेवं यो वेत्ति तत्त्वतः ।
त्यक्त्वा देहं पुनर्जन्म नैति मामेति सोऽर्जुन । ९ ।

ভাবার্থ : হে অর্জুন, আমার এই দিব্য জন্ম এবং কর্ম সম্পর্কে যে ব্যক্তি খুব ভালো করে জানে, সে দেহ ত্যাগ করে পুনরায় জন্ম গ্রহণ করে, সে আমার সাথে এসে মিলিত হয় : ৯

वीतरागभयक्रोधा मन्मया मामुपाश्रिताः ।
बहवो ज्ञानतपसा पूता मद्भावमागताः । १० ।

ভাবার্থ : রাগ, ভয় এবং ক্রোধের থেকে মুক্ত এমন অনেক ব্যক্তি আমার মধ্যেই মিশে আছে। তারা জ্ঞানরূপী তপ দ্বারা পবিত্র হয়ে আমার স্বরূপকে প্রাপ্ত করতে পেরেছে:১০

ये यथा मां प्रपद्यन्ते तांस्तथैव भजाम्यहम् ।
मम वर्त्मानुवर्तन्ते मनुष्याः पार्थ सर्वशः । ११ ।

ভাবার্থ : হে পার্থ, যে ব্যক্তি যেভাবে আমার শরণে আসে, আমি সেই ভাব অনুসারেই তাকে স্বীকার করে নিই। নিজের নিজের বুদ্ধি অনুসারে সমস্ত মনুষ্য আমার পথেই চলে : ১১

काङ्क्षन्तः कर्मणां सिद्धिं यजन्त इह देवताः ।
क्षिप्रं हि मानुषे लोके सिद्धिर्भवति कर्मजा ।१२ ।

ভাবার্থ : এই মনুষ্যলোকে কর্মের ফল প্রাপ্ত করার জন্য যে ব্যক্তি যজ্ঞের দ্বারা দেবতার পূজা করে, তার কর্মের দ্বারা সে অতি শীঘ্র সিদ্ধি লাভ করে : ১২

चातुर्वर्ण्यं मया सृष्टं गुणकर्मविभागशः ।
तस्य कर्तारमपि मां विद्ध्यकर्तारमव्ययम् ।१३ ।

ভাবার্থ : গুণ ও কর্মের অনুসারে আমি চারটি বর্ণের ভাগ করেছি। তাদের কর্তা হওয়া সত্ত্বেও তুই আমাকে অবিনশ্বরের অকর্তা বলে মনে করিস : ১৩

न मां कर्माणि लिम्पन्ति न मे कर्मफले स्पृहा ।
इति मां योऽभिजानाति कर्मभिर्न स बध्यते ।१४ ।

ভাবার্থ : আমার কর্মফলের কোনো ইচ্ছা নেই, তাই আমার কর্ম আমাকে লিপ্ত করতে পারে না, আমার এই বাস্তবিকতা সম্পর্কে যে ব্যক্তি জানতে পারে, সেও কর্মের বন্ধনে আবদ্ধ হয় না : ১৪

एवं ज्ञात्वा कृतं कर्म पूर्वैरपि मुमुक्षुभिः ।
कुरु कर्मैव तस्मात्त्वं पूर्वैः पूर्वतरं कृतम् ।१५ ।

ভাবার্থ : এই বাস্তবিকতা জেনেও এর আগেও মুমুক্ষু জনেরা কর্ম করেছে, তুইও ওদের মতো কর্ম কর : ১৫

किं कर्म किमकर्मेति कवयोऽप्यत्र मोहिताः ।
तत्ते कर्म प्रवक्ष्यामि यज्ज्ञात्वा मोक्ष्यसेऽशुभात् ।१६।

ভাবার্থ : কর্ম কি আর অকর্ম কি, এই বিষয় নিয়ে বিচারশীল লোকের মধ্যেও ভ্রমের সৃষ্টি হয়। আমি তোকে কর্মের রহস্যের কথা বলব, যা জেনে তুই কর্ম থেকে মুক্ত হয়ে যাবি : ১৬

कर्मणो ह्यपि बोद्धव्यं बोद्धव्यं च विकर्मणः ।
अकर्मणश्च बोद्धव्यं गहना कर्मणो गतिः ।१७ ।

ভাবার্থ : কর্ম কি, অকর্ম কি আর বিকর্ম কি, এই গুলিকে বোঝার দরকার। কর্মের গতিকে বোঝা খুবই কঠিন : ১৭

कर्मण्यकर्म यः पश्येदकर्मणि च कर्म यः ।
स बुद्धिमान्मनुष्येषु स युक्तः कृत्स्नकर्मकृत् । १८।

ভাবার্থ : যে ব্যক্তি কর্মের মধ্যে অকর্মকে দেখে নেয় আর অকর্মের মধ্যে কর্মকে দেখে নেয়, সে মানুষের মধ্যে বুদ্ধিমান হয়ে থাকে। সে সব কর্ম করা সত্ত্বেও যোগী : ১৮

यस्य सर्वे समारम्भाः कामसंकल्पवर्जिताः ।
ज्ञानाग्निदग्धकर्माणं तमाहुः पण्डितं बुधाः । १९ ।

ভাবার্থ : যে কোনো রকম কামনার কথা ভেবে কর্ম করে না, আর যার সমস্ত কর্ম জ্ঞান রূপী অগ্নির দ্বারা দগ্ধ হয়ে থাকে, তাকেই বুদ্ধিমান ব্যক্তিরা 'পন্ডিত' বলে আখ্যা দেয় : ১৯

त्यक्त्वा कर्मफलासङ्गं नित्यतृप्तो निराश्रयः ।
कर्मण्यभिप्रवृत्तोऽपि नैव किञ्चित्करोति सः । २०।

ভাবার্থ : যে কর্মফলের কামনা ছেড়ে দিয়েছে, যার সুখ কোনো ব্যক্তি বা বস্তুর ওপর নিভরশীল নয়, যে সর্বদাই তৃপ্তি অনুভব করে, সে সমস্ত কর্ম করা সত্ত্বেও কিছুই করে না : ২০

निराशीर्यतचित्तात्मा त्यक्तसर्वपरिग्रहः ।
शारीरं केवलं कर्म कुर्वन्नाप्नोति किल्बिषम् । २१ ।

ভাবার্থ : যার মন তার বশেই আছে, যে কাউর থেকে কোনো কিছু আশা করে না, যে ভোগ পদার্থ সংগ্রহের বৃত্তি ত্যাগ করে দিয়েছে, যে মাত্র শরীরের স্থিতির জন্যই কাজ করে, সে কখনও পাপের ভাগী হয় না : ২১

यदृच्छालाभसंतुष्टो द्वन्द्वातीतो विमत्सरः ।
समः सिद्धावसिद्धौ च कृत्वापि न निबध्यते । २२।

ভাবার্থ : নিজের থেকে যা প্রাপ্ত হয়ে যায়, যে তাতেই সন্তুষ্ট থাকতে পারে, হর্ষ-শোক, দুঃখ-সুখ প্রভৃতি ভাবের থেকে যে দূরে থাকতে পারে, হিংসা রহিত তথা সফলতা ও বিফলতা সম্পর্কে যার মনে সমানভাব বিরাজ করে, সে কর্ম করলেও কর্মের বন্ধনে আবদ্ধ হয় না : ২২

गतसङ्गस्य मुक्तस्य ज्ञानावस्थितचेतसः ।
यज्ञायाचरतः कर्म समग्रं प्रविलीयते । २३ ।

ভাবার্থ : যার কর্মফলের ওপর কোনো আসক্তি নেই, যে রাগ-দ্বেষের থেকে মুক্ত, যার মন আত্মা -পরমাত্মার জ্ঞানের মধ্যে অবস্থান করে, যে সমস্ত কর্মকে যজ্ঞ বলে মনে করে, তার কর্ম বন্ধনকারক হয় না :২৩

ब्रह्मार्पणं ब्रह्म हविर्ब्रह्माग्नौ ब्रह्मणा हुतम् ।
ब्रह्मैव तेन गन्तव्यं ब्रह्मकर्मसमाधिना । २४ ।

ভাবার্থ : যে অরণী দ্বারা জ্ঞান-যজ্ঞে আহুতি প্রদান করা হয় তা ব্রহ্ম, সামগ্রী ব্রহ্ম, অগ্নিও ব্রহ্ম, যজ্ঞকর্তাও ব্রহ্ম, আর এই যজ্ঞের উপলব্ধিও ব্রহ্মলীন হয় : ২৪

दैवमेवापरे यज्ञं योगिनः पर्युपासते ।
ब्रह्माग्नावपरे यज्ञं यज्ञेनैवोपजुह्वति । २५ ।

ভাবার্থ : অনেক যোগী ব্যক্তিরা দেবতাদের লক্ষ্য করে যজ্ঞের অনুষ্ঠান করে থাকে। অন্য যোগীরা ব্রহ্মরূপী অগ্নিতে নিজেকেই সমর্পিত করে দেয় : ২৫

श्रोत्रादीनीन्द्रियाण्यन्ये संयमाग्निषु जुह्वति ।
शब्दादीन्विषयानन्य इन्द्रियाग्निषु जुह्वति । २६ ।

ভাবার্থ : অনেকে সংযম রূপী অগ্নিতে কর্ণ প্রভৃতি ইন্দ্রিয়ের আহুতি দিয়ে থাকে, আর কেউ শব্দ প্রভৃতি বিষয়ের আহুতি প্রদান করে : ২৬

सर्वाणीन्द्रियकर्माणि प्राणकर्माणि चापरे ।
आत्मसंयमयोगाग्नौ जुह्वति ज्ञानदीपिते । २७ ।

ভাবার্থ : অনেকে জ্ঞানের দ্বারা জাগ্রত আত্ম সংযম রূপী যোগাগ্নিতে ইন্দ্রিয় তথা প্রাণের ক্রিয়াকে আহুতি দিয়ে থাকে : ২৭

द्रव्ययज्ञास्तपोयज्ञा योगयज्ञास्तथापरे ।
स्वाध्यायज्ञानयज्ञाश्च यतय संशितव्रताः । २८ ।

ভাবার্থ : অনেকে দ্রব্যের যজ্ঞ করে থাকে, কেউ আবার তপ যজ্ঞ করে, কেউ যোগ রূপী আহুতি প্রদান করে, কেউ কঠিন ব্রত পালনকারী যজ্ঞকারী হয় : ২৮

अपाने जुह्वति प्राणं प्राणेऽपानं तथापरे ।
प्राणापानगती रुद्ध्वा प्राणायामपरायणाः । २९ ।

ভাবার্থ : অনেক যোগীরা নিঃশ্বাসের বায়ুতে প্রশ্বাসের বায়ুর আহুতি প্রদান করে, অনেকে প্রশ্বাসের বায়ুতে নিঃশ্বাসের বায়ুর আহুতি প্রদান করে। অনেকে আবার নিঃশ্বাস ও প্রশ্বাসের গতি রুদ্ধ করে প্রাণায়ম করে : ২৯

अपरे नियताहाराः प्राणान्प्राणेषु जुह्वति ।
सर्वेऽप्येते यज्ञविदो यज्ञक्षपितकल्मषाः । ३० ।

ভাবার্থ : অনেকে নিয়মপূর্বক আহার করে প্রাণের মধ্যে প্রাণের আহুতি প্রদান করে, এই সমস্ত যজ্ঞেরই মর্ম জানা উচিত। তারা এই ধরনের যজ্ঞ করে পাপরের দূর করে :৩০

यज्ञशिष्टामृतभुजो यान्ति ब्रह्म सनातनम् ।
नायं लोकोऽस्त्ययज्ञस्य कुतोऽन्य कुरुसत्तम । ३१।

ভাবার্থ : হে কুরুশ্রেষ্ঠ, যজ্ঞের পর যে অংশ অবশিষ্ঠ থাকে তা যে ব্যক্তি অমৃত ভেবে ভোগ করে সে সনাতন ব্রহ্ম প্রাপ্ত করে। যজ্ঞরহিত ব্যক্তির ইহলোকু শোধরায় না, তার পরলোক শোধরানোর কি আশা থাকতে পারে : ৩১

एवं बहुविधा यज्ञा वितता ब्रह्मणो मुखे ।
कर्मजान्विद्धि तान्सर्वानेवं ज्ञात्वा विमोक्ष्यसे । ३२।

ভাবার্থ : এই প্রকারের বহু যজ্ঞের কথা বেদে বলা হয়েছে। এই সমস্ত যজ্ঞ কর্মের থেকে উৎপন্ন হয়, তা জানতে পারলে তুই মোক্ষ লাভ করবি : ৩২

श्रेयान्द्रव्यमयाद्यज्ञाज्ज्ञानयज्ञः परन्तप ।
सर्वं कर्माखिलं पार्थ ज्ञाने परिसमाप्यते । ३३ ।

ভাবার্থ : হে পরের জন্য অনুতপ্ত অর্জুন, দ্রব্যের দ্বারা কৃত এই সমস্ত রকম যজ্ঞের থেকে জ্ঞান যজ্ঞ অনেক শ্রেষ্ঠ, কারণ হে পার্থ, সমস্ত কর্মের অন্তিম ফল হল জ্ঞান : ৩৩

तद्विद्धि प्राणिपातेन परिप्रश्नेन सेवया ।
उपदेक्ष्यन्ति ते ज्ञानं ज्ञानिनस्तत्त्वदर्शिनः । ३४ ।

ভাবার্থ : জ্ঞান-প্রাপ্ত করার জন্য তত্ত্বজ্ঞানী ব্যক্তির কাছে যা। সে তোর সেবা ভাব দেখে বিনয়ের সাথে তোর করা প্রশ্ন অনুসারে তোকে উপদেশ প্রদান করবে : ৩৪

यज्ज्ञात्वा न पुनर्मोहमेवं यास्यसि पाण्डव ।
येन भूतान्यशेषेण द्रक्ष्यस्यात्मन्यथो मयि । ३५ ।

ভাবার্থ : হে পাণ্ডুপুত্র, এই জ্ঞান লাভ করে তুই মোহের বন্ধন থেকে মুক্তি লাভ করতে পারবি, আর তুই সমস্ত প্রাণীদের মধ্যে, আমার এবং তোর মধ্যেও কোনো ভেদ দেখতে পাবি না : ৩৫

अपि चेदसि पापेभ्यः सर्वेभ्यः पापकृत्तमः ।
सर्वं ज्ञानप्लवेनैव वृजिनं सन्तरिष्यसि । ३६ ।

ভাবার্থ : তুই যদি সমস্ত পাপীদের মধ্যে সবচেয়ে বড় পাপী হোস, তাহলেই জ্ঞান রূপী নৌকা দ্বারা পাপরূপী সাগর পার করতে পারবি :৩৬

यथैधांसि समिद्धोऽग्निर्भस्मसात्कुरुतेऽर्जुन ।
ज्ञानाग्निः सर्वकर्माणि भस्मसात्कुरुते तथा । ३७ ।

ভাবার্থ : হে অর্জুন, প্রজ্বলিত অগ্নি যেমন, ইন্ধনকে ছাই করে দেয়, তেমনি জ্ঞান রূপী অগ্নি সমস্ত কর্মকে ভস্ম করে দেয় : ৩৭

न हि ज्ञानेन सदृशं पवित्रमिह विद्यते ।
तत्स्वयं योगसंसिद्धः कालेनात्मनि विन्दति । ३८ ।

ভাবার্থ : এই সংসারে জ্ঞানের সমান পবিত্র করার মতো কোনো বস্তু নেই। দীর্ঘ সময় ধরে কর্মযোগের সাধনাকরী ব্যক্তি কিছুটা সময়ের পর এই জ্ঞানকে নিজের আত্মায় প্রাপ্ত করে নেয় : ৩৮

श्रद्धावाँल्लभते ज्ञानं तत्परः संयतेन्द्रियः ।
ज्ञानं लब्ध्वा परां शान्तिमचिरेणाधिगच्छति । ३९ ।

ভাবার্থ : ইন্দ্রিয়ের সংযমকারী যত্নশীল তথা শ্রদ্ধাবান ব্যক্তি জ্ঞান প্রাপ্ত করতে সক্ষম হয়। জ্ঞান-প্রাপ্তির দ্বারা তৎকাল পরম শান্তি প্রাপ্ত করা যায় : ৩৯

अज्ञश्चाश्रद्दधानश्च संशयात्मा विनश्यति ।
नायं लोकोऽस्ति न परो न सुखं संशयात्मनः । ४०।

ভাবার্থ : অজ্ঞানী, শ্রদ্ধাহীন আর সংশয়কারী ব্যক্তি ধ্বংস হয়ে যায়। যার মনে সংশয় থাকে সে এই লোকে যেমন সুখ ভোগ করতে পারে না, তেমনি পরলোকেও কোনো সুখ লাভ করতে পারে না : ৪০

योगसंन्यस्तकर्माणं ज्ञानसंछिन्नसंशयम् ।
आत्मवन्तं न कर्माणि निबध्नन्ति धनञ्जय । ४१ ।

ভাবার্থ : হে ধনঞ্জয়, কর্মযোগের সাধনার দ্বারা যে কর্মের ফল ত্যাগ করে দেয়, যে জ্ঞান দ্বারা সংশয়কে দূর করে দেয়, এমন আত্মবল সম্পন্ন ব্যক্তি কর্মবন্ধন থেকে মুক্ত হয় : ৪১

तस्मादज्ञानसम्भूतं हृत्स्थं ज्ञानासिनात्मनः ।
छित्त्वैनं संशयं योगमातिष्ठोत्तिष्ठ भारत । ४२ ।

ভাবার্থ : হে ভরতবংশীয় অর্জুন, অজ্ঞানতার জন্য যে সংশয়ের জন্ম হয়, তাকে জ্ঞানরূপী অস্ত্রের দ্বারা দূর কর। কর্মযোগের আশ্রয় নিয়ে দাঁড়ানোর চেষ্টা কর : ৪২

इति श्रीमद्भगवद्गीतासूपनिषत्सु ब्रह्मविद्यायां योगशास्त्रे
श्रीकृष्णार्जुनसंवादे ज्ञानकर्मसंन्यासयोगो नाम चतुर्थोऽध्यायः ॥४॥

শ্রীমদ্ভগবদ্গীতা রূপী উপনিষদ্ এবং ব্রহ্ম বিদ্যা তথা যোগশাস্ত্র বিষয়ক শ্রীকৃষ্ণ এবং অর্জুনের সংলাপ 'জ্ঞান, কর্ম, সন্ন্যাস যোগ' নামক চতুর্থ অধ্যায় সম্পূর্ণ হল।

● ● ●

পঞ্চম অধ্যায়

কর্মসন্ন্যাসযোগ

অর্জুনের বক্তব্য

संन्यासं कर्मणां कृष्ण पुनर्योगं च शंससि ।
यच्छ्रेय एतयोरेकं तन्मे ब्रूहि सुनिश्चितम् ।१ ।

ভাবার্থ : অর্জুন বলেন : হে শ্রীকৃষ্ণ, আপনি কর্মসন্ন্যাস ও কর্মযোগ এই দুয়েরই প্রশংসা করেন। এই দুটির মধ্যে যেটা আমার জন্য কল্যাণজনক, সেই সম্পর্কে আমাকে বলুন : ১

শ্রী ভগবানের অমৃত কথা

संन्यासः कर्मयोगश्च निःश्रेयसकरावुभौ ।
तयोस्तु कर्मसंन्यासात्कर्मयोगो विशिष्यते ।२ ।

ভাবার্থ : ভগবান বলেন : কর্মসন্ন্যাস এবং কর্মযোগ, এই দুইই পরম কল্যাণকারী, তবুও কর্মসন্ন্যাসের তুলনায় কর্মযোগ অবশ্যই শ্রেষ্ঠ : ২

ज्ञेयः स नित्यसंन्यासी यो न द्वेष्टि न काङ्क्षति ।
निर्द्वन्द्वो हि महाबाहो सुखं बन्धात्प्रमुच्यते ।३ ।

ভাবার্থ : হে মহান বাহুধারী অর্জুন, যে ব্যক্তির মনে কাউর জন্য দ্বেষ থাকে না, যার মনে কোনো রকম আকাঙ্খা থাকে না, সে সম্পূর্ণ রূপে সন্ন্যাসী, আর অতি সহজেই সমস্ত রাগদ্বেষ ও সাংসারিক বন্ধন মুক্ত করতে পারে সে : ৩

साङ्ख्ययोगौ पृथग्बालाः प्रवदन्ति न पण्डिताः ।
एकमप्यास्थितः सम्यगुभयोर्विन्दते फलम् ।४ ।

ভাবার্থ : সাংখ্য অর্থাৎ জ্ঞানপূর্বক কর্মের ত্যাগ এবং কর্মযোগ, এই দুয়ের ফল ভিন্ন বলে মনে করা অজ্ঞানতা। পন্ডিত ব্যক্তিরা জানে যে, এই দুয়ের মধ্যে কোনো একটা পথ ধরে চললেই, সমান ফল লাভ করা সম্ভব হয় : ৪

यत्साङ्ख्यैः प्राप्यते स्थानं तद्योगैरपि गम्यते ।
एकं साङ्ख्यं च योगं च यः पश्यति स पश्यति ।५।

ভাবার্থ : জ্ঞানযোগী যে মোক্ষ রূপী গন্তব্যে পৌঁছায়, কর্মযোগীও সেখানেই পৌঁছায়। সুতরাং এই দুই পথকে যে এক বলে মনে করে, বাস্তবে সেই জ্ঞানী : ৫

संन्यासस्तु महाबाहो दुःखमाप्तुमयोगतः ।
योगयुक्तो मुनिर्ब्रह्म नचिरेणाधिगच्छति । ६ ।

ভাবার্থ : হে মহাবাহু অর্জুন, কর্মযোগ ছাড়া সন্ন্যাস অর্থাৎ কর্তা ভাবের ত্যাগ করা কঠিন। কর্মযোগী শীঘ্র ব্রহ্মকে প্রাপ্ত করতে পারে : ৬

योगयुक्तो विशुद्धात्मा विजितात्मा जितेन्द्रियः ।
सर्वभूतात्मभूतात्मा कुर्वन्नपि न लिप्यते । ७ ।

ভাবার্থ : যে ব্যক্তি কর্মযোগের সাথে যুক্ত, যার অন্তঃকরণ শুদ্ধ, যে নিজের মন ও ইন্দ্রিয়কে জয় করতে পারে, যে সমস্ত প্রাণীদের আত্মাকে নিজের আত্মার সমান বলে মনে করে, সে কর্ম করলেও কর্ম দোষের সাথে লিপ্ত থাকে না : ৭

नैव किञ्चित्करोमीति युक्तो मन्येत तत्त्ववित् ।
पश्यञ्श्रृण्वन्स्पृशञ्जिघ्रन्नश्नन्गच्छन्स्वपञ्श्वसन् । ८ ।
प्रलपन्विसृजन्गृह्णन्नुन्मिषन्निमिषन्नपि
इन्द्रियाणीन्द्रियार्थेषु वर्तन्त इति धारयन् । ९ ।

ভাবার্থ : পরম তত্ত্ব ব্রহ্ম সম্পর্কে জ্ঞাত সাংখ্যযোগী দেখে, শোনে, স্পর্শ করে, ঘ্রাণ নেয়, খায়, চলে, শোয়, শ্বাস নেয়, বলে, মল-মূত্র ত্যাগ করে। গ্রহণ করে, বিসর্জন করে, চোখ খোলে, চোখ বন্ধ করে, কিন্তু সে মনে করে যে সমস্ত ইন্দ্রিয় নিজের বিষয় অনুসারেই কার্য করে চলেছে। আমি কিছু করছি না : ৯

ब्रह्मण्याधाय कर्माणि सङ्गं त्यक्त्वा करोति यः ।
लिप्यते न स पापेन पद्मपत्रमिवाम्भसा । १० ।

ভাবার্থ : যে ব্যক্তি কর্মফলের ওপর আসক্তি ত্যাগ করে নিজের কর্মকে ব্রহ্মের প্রতি অর্পণ করে, সেই ব্যক্তি নিজের কর্মের পাপের সাথে সেইভাবেই লিপ্ত থাকে, যেমন পদ্ম পাতার ওপর জল অবস্থান করে : ১০

कायेन मनसा बुद्ध्या केवलैरिन्द्रियैरपि ।
योगिनः कर्म कुर्वन्ति सङ्गं त्यक्त्वात्मशुद्धये ।११।

ভাবার্থ : যোগী ব্যক্তিরা আসক্তি ত্যাগ করে অন্তঃকরণের শুদ্ধির জন্য শরীর দিয়ে, মন দিয়ে, বুদ্ধি দিয়ে ও ইন্দ্রিয় দিয়ে কাজ করে : ১১

युक्तः कर्मफलं त्यक्त्वा शान्तिमाप्नोति नैष्ठिकीम् ।
अयुक्तः कामकारेण फले सक्तो निबध्यते । १२ ।

ভাবার্থ : কর্মযোগী কর্মফলের ইচ্ছা ত্যাগ করে, স্থায়ী শান্তি প্রাপ্ত করে এবং যে ব্যক্তি কামনা পূরণ করার জন্য কর্ম করে, সে কামনার সাথে বাঁধা থাকে : ১২

सर्वकर्माणि मनसा संन्यस्यास्ते सुखं वशी ।
नवद्वारे पुरे देही नैव कुर्वन्न कारयन् । १३ ।

ভাবার্থ : ইন্দ্রিয় গুলিকে বশীভূত করে, মন থেকে নিজের কর্মকে ত্যাগকারী আত্মা নয় দ্বার যুক্ত দেহরূপী পুরীতে কোনো কিছু করে না, কিছু করতেও দেয় না, এই দেহরূপী নগরীতে সুখে বাস করে : ১৩

न कर्तृत्वं न कर्माणि लोकस्य सृजति प्रभुः ।
न कर्मफलसंयोगं स्वभावस्तु प्रवर्तते । १४ ।

ভাবার্থ : প্রভু কাউকে তার কর্ম বা তার কর্মফলের জন্য কর্তা করে পাঠান না। তার উপস্থিতিতে প্রকৃতিতে এমন কাজ হয় : ১৪

नादत्ते कस्यचित्पापं न चैव सुकृतं विभुः ।
अज्ञानेनावृतं ज्ञानं तेन मुह्यन्ति जन्तवः । १५ ।

ভাবার্থ : সর্বব্যাপী পরমাত্মা কাউর পুণ্য, কাউর পাপ গ্রহণ করেন না, জ্ঞানের ওপর যে অজ্ঞানতার পর্দা থাকে, তার জন্য প্রাণী মোহের জালে জরিয়ে পড়ে : ১৫

ज्ञानेन तु तदज्ञानं येषां नाशितमात्मनः ।
तेषामादित्यवज्ज्ञानं प्रकाशयति तत्परम् । १६ ।

ভাবার্থ : যে ব্যক্তিদের অজ্ঞানতা আত্মজ্ঞান দ্বারা ধ্বংস হয়ে যায়, তার সেই জ্ঞান সূর্যের সমান পরম আত্মাকে প্রকাশিত করে দেয় : ১৬

तद्बुद्धयस्तदात्मानस्तन्निष्ठास्तत्परायणाः ।
गच्छन्त्यपुनरावृत्तिं ज्ञाननिर्धूतकल्मषाः । १७ ।

ভাবার্থ : যার বুদ্ধি পরমাত্মাতে একত্রতা অনুভব করে, যার অন্তঃকরণ তাতেই লীন হয়ে থাকে, সেই আত্মজ্ঞান দ্বারা তার পাপ ধুয়ে যায়, আর সে সেখানে পৌঁছে যায়, যেখান থেকে আর ফিরতে হয় না : ১৭

विद्याविनयसंपन्ने ब्राह्मणे गवि हस्तिनि ।
शुनि चैव श्वपाके च पण्डिताः समदर्शिनः । १८ ।

ভাবার্থ : এমন জ্ঞানী ব্যক্তিরা বিদ্বান এবং বিনম্র ব্রাহ্মণ তথা গরু, হাতি, কুকুর এবং চন্ডালকে সমান ভাবে দেখে : ১৮

इहैव तैर्जितः सर्गो येषां साम्ये स्थितं मनः ।
निर्दोषं हि समं ब्रह्म तस्माद् ब्रह्मणि ते स्थिताः ।१९।

ভাবার্থ : যার মনে এমন সমানতার ভাব এসে যায়, সে বেঁচে থাকা কালিনই এই সংসারকে জয় করতে সক্ষম হয়, কারণ সে দোষহীন পরমব্রহ্মের সমান আর সে ব্রহ্মাতেই অবস্থান করে : ১৯

न प्रहृष्येत्प्रियं प्राप्य नोद्विजेत्प्राप्य चाप्रियम् ।
स्थिरबुद्धिरसम्मूढो ब्रह्मविद् ब्रह्मणि स्थितः ।२०।

ভাবার্থ : যে ব্যক্তি প্রিয়কে লাভ করে আনন্দিত হয় না, অপ্রিয়কে পেয়ে উদ্বিগ্ন হয় না, যার বুদ্ধি স্থির, যে মোহরহিত, সেই ব্রহ্ম সম্পর্কে জ্ঞাত, সেই ব্রহ্মাতে একরূপ : ২০

बाह्यस्पर्शेष्वसक्तात्मा विन्दत्यात्मनि यत्सुखम् ।
स ब्रह्मयोगयुक्तात्मा सुखमक्षयमश्नुते । २१ ।

ভাবার্থ : ইন্দ্রিয় দ্বারা বাইরের থেকে প্রাপ্ত সুখ থেকে মনকে সরিয়ে যে ব্যক্তি নিজের ভেতরটা দেখতে পারে সে অন্তঃকরণে ব্রহ্মাকে লাভ করে অক্ষয় সুখ প্রাপ্ত করে :২১

ये हि संस्पर्शजा भोगा दुःखयोनय एव ते ।
आद्यन्तवन्तः कौन्तेय न तेषु रमते बुधः । २२ ।

ভাবার্থ : ইন্দ্রিয় থেকে প্রাপ্ত সুখ কখন উৎপন্ন হয় আবার কখন তা নষ্ট হয়ে যায়। তা অস্থায়ী, তাই তা দুঃখের কারণ। হে কুন্তীপুত্র অর্জুন, জ্ঞানী জনেরা তা নিয়ে ভাবে না : ২২

शक्नोतीहैव यः सोढुं प्राक् शरीरविमोक्षणात् ।
कामक्रोधोद्भवं वेगं स युक्तः स सुखी नरः ।२३।

ভাবার্থ : এই শরীর ত্যাগ করার আগে, যে ব্যক্তি কামনা এবং ক্রোধের বেগকে সহ্য করতে পারে, সে যোগী, সেই সুখী : ২৩

योऽन्तःसुखोऽन्तरारामस्तथान्तर्ज्योतिरेव यः ।
स योगी ब्रह्मनिर्वाणं ब्रह्मभूतोऽधिगच्छति । २४ ।

ভাবার্থ : যে নিজের মধ্যেই সুখী, যে নিজের মধ্যেই আনন্দ লাভ করে, যার নিজের মধ্যে জ্ঞানের জ্যোতি প্রকাশিত, সেই যোগী ব্রহ্ম স্বরূপ আর সে ব্রহ্মে লীন হয়ে যায় : ২৪

लभन्ते ब्रह्मनिर्वाणमृषयः क्षीणकल्मषाः ।
छिन्नद्वैधा यतात्मान सर्वभूतहिते रताः । २५ ।

ভাবার্থ : জ্ঞান দ্বারা যার পাপ নষ্ট হয়ে গেছে, যে সংশয় ও দ্বিধার থেকে মুক্ত, সে নিজেকে বশ করতে পারে, যে সমস্ত প্রাণীর হিতের কথা ভাবে, সেই ঋষি পরমব্রহ্মে লীন হয়ে যায় : ২৫

कामक्रोधवियुक्तानां यतीनां यतचेतसाम् ।
अभितो ब्रह्मनिर्वाणं वर्तते विदितात्मनाम् । २६ ।

ভাবার্থ : যে কামনা-ক্রোধ রহিত, যার মন বশে আছে, যে এই অনুভূতির দ্বারা নিজেকে জানতে পারে, সে নিজের চারদিকে ব্রহ্মাই ব্রহ্ম অনুভব করে থাকে : ২৬

स्पर्शान्कृत्वा बहिर्बाह्यांश्चक्षुश्चैवान्तरे भ्रुवोः
प्राणापानौ समौ कृत्वा नासाभ्यन्तरचारिणौ । २७।
यतेन्द्रियमनोबुद्धिर्मुनिर्मोक्षपरायणः
विगतेच्छाभयक्रोधो यः सदा मुक्त एव सः । २८ ।

ভাবার্থ : শব্দ প্রভৃতি বাইরের বিষয়কে মন থেকে সরিয়ে, দুটি ভ্রূর মাঝখানে দৃষ্টিকে একাগ্র কর, নাসিকা ছিদ্র দিয়ে আসা-যাওয়া কারী প্রাণ আর শ্বাস বায়ুকে সম্বল করে, মন এবং বুদ্ধিকে বশীভূত করে, যে মোক্ষ লাভকারী মুনির ইচ্ছা, ভয় এবং ক্রোধ দূরীভূত হয়, সে সর্বদাই মুক্ত : ২৭, ২৮

भोक्तारं यज्ञतपसां सर्वलोकमहेश्वरम् ।
सुहृदं सर्वभूतानां ज्ञात्वा मां शान्तिमृच्छति । २९ ।

ভাবার্থ : হে অর্জুন, যে আমাকে সমস্ত যজ্ঞ এবং তপস্যার ভোক্তা বলে মনে করে, আমাকে সমস্ত লোকের মহেশ্বর আর সমস্ত প্রাণের হিতৈষী বলে মনে করে, সে শান্তি লাভ করে : ২৯

इति श्रीमद्भगवद्गीतासूपनिषत्सु ब्रह्मविद्यायां योगशास्त्रे श्रीकृष्णार्जुनसंवादे कर्मसंन्यासयोगो नाम पञ्चमोऽध्यायः ॥ ५ ॥

শ্রীমদ্ভগবদ্গীতা রূপী উপনিষদ্ এবং ব্রহ্মবিদ্যা তথা যোগশাস্ত্র বিষয়ক শ্রীকৃষ্ণ ও অর্জুনের সংলাপের 'কর্মসন্ন্যাসযোগ' নামক পঞ্চম অধ্যায় সম্পূর্ণ হল।

● ● ●

ষষ্ঠ অধ্যায়

ধ্যান যোগ

শ্রী ভগবানের অমৃত কথা

अनाश्रितः कर्मफलं कार्यं कर्म करोति यः ।
स संन्यासी च योगी च न निरग्निर्न चाक्रियः ।१ ।

ভাবার্থ : শ্রী ভগবান বলেন, যে ব্যক্তি কর্মফলের ইচ্ছা ত্যাগ করে কর্তব্য ও কর্ম করে যায়, সে সন্ন্যাসী এবং যোগী। যে কর্মকে ত্যাগ করে এবং অগ্নিকে ত্যাগ করে সে কখনই সন্ন্যাসী হোতে পারে না : ১

यं संन्यासमिति प्राहुर्योगं तं विद्धि पाण्डव ।
न ह्यसंन्यस्तसङ्कल्पो योगी भवति कश्चन । २ ।

ভাবার্থ : হে পাণ্ডুপুত্র, সাধারণ লোকেরা যাকে সন্ন্যাস বলে, তুই সেটাকে যোগ বলে মনে কর, কারণ কর্মফলের আশা ত্যাগ করতে না পারলে কেউ যোগী হোতে পারে না : ২

आरुरुक्षोर्मुनेर्योग कर्म कारणमुच्यते ।
योगारूढस्य तस्यैव शमः कारणमुच्यते । ३ ।

ভাবার্থ : যে ব্যক্তি যোগমার্গের পথে এগিয়ে যায় তার কাছে কর্ম সাধনা, আর যোগের ফল হল শম, অর্থাৎ মানসিক শান্তি : ৩

यदा हि नेन्द्रियार्थेषु न कर्मस्वनुषज्जते ।
सर्वसङ्कल्पसंन्यासी योगारूढस्तदोच्यते । ४ ।

ভাবার্থ : যখন কোনো মানুষ ইন্দ্রিয় সুখ ভোগের প্রতি আসক্ত হয় না, আর কর্মফলের ওপরেও কোনো আসক্তি থাকে না, আর যে মনের ইচ্ছাকেও ত্যাগ করে দেয়, এমন ব্যক্তিকে যোগে স্থির বলা হয় : ৪

उद्धरेदात्मनात्मानं नात्मानमवसादयेत् ।
आत्मैव ह्यात्मनो बन्धुरात्मैव रिपुरात्मनः । ५ ।

ভাবার্থ : মানুষকে নিজের আত্মবল দ্বারা নিজের উদ্ধার করা উচিত, বাস্তবে আত্মাই আমাদের মিত্র আর এই আত্মাই আমাদের শত্রু : ৫

बन्धुरात्मात्मनस्तस्य येनात्मैवात्मना जितः ।

अनात्मनस्तु शत्रुत्वे वर्तेतात्मैव शत्रुवत् । ६ ।

ভাবার্থ : যে আত্মা নিজের মন ও ইন্দ্রিয় গুলিকে বশীভূত করতে পারে, সেই আত্মা আমাদের মিত্র, যে নিজের মন ও ইন্দ্রিয়ের বশীভূত, সে নিজেই নিজের শত্রু : ৬

जितात्मनः प्रशान्तस्य परमात्मा समाहितः ।

शीतोष्णसुखदुःखेषु तथा मानापमानयोः । ७ ।

ভাবার্থ : যে নিজের মনকে জয় করতে পেরেছে, যে ঠান্ডা-গরম, সুখ-দুঃখ, মান- আপমানে একই রকম স্থির থাকে, তার আত্মা পরমাত্মা হয়ে যায় : ৭

ज्ञानविज्ञानतृप्तात्मा कूटस्थो विजितेन्द्रियः ।

युक्त इत्युच्यते योगी समलोष्टाश्मकाञ्चनः । ८ ।

ভাবার্থ : যার অন্তঃকরণ আত্মিক জ্ঞান এবং পদার্থের বিজ্ঞান দ্বারা তৃপ্ত, যে নিজের ভেতরে দৃঢ়তার সাথে অবস্থিত, যে নিজের ইন্দ্রিয়কে জয় করতে পারে, যার কাছে মাটি, পাথর ও সোনা সমান, সেই যোগী পরমাত্মার সমান : ৮

सुहृन्मित्रार्युदासीनमध्यस्थद्वेष्यबन्धुषु ।

साधुष्वपि च पापेषु समबुद्धिर्विशिष्यते । ९ ।

ভাবার্থ : যে হিতৈষী ব্যক্তি, মিত্র, শত্রু, তটস্থ ব্যক্তি, পক্ষপাতরহিত মধ্যস্থ, দ্বেষপাত্র, সজ্জন এবং পাপীদের সমান নজরে দেখে, সেই শ্রেষ্ঠ : ৯

योगी युञ्जीत सततमात्मानं रहसि स्थितः ।

एकाकी यतचित्तात्मा निराशीरपरिग्रहः । १० ।

ভাবার্থ : যোগীদের উচিত একান্ত স্থানে একা বসে আশা, বাসনা প্রভৃতি ত্যাগ করে, অনাবশ্যক বস্তু গুলির সংগ্রহ ত্যাগ করে, নিজের অন্তঃকরণকে জয় করে নিরন্তর নিজের ভেতর পরমাত্মাতে নিজেকে স্থির করা : ১০

शुचौ देशे प्रतिष्ठाप्य स्थिरमासनमात्मनः ।

नात्युच्छ्रितं नातिनीचं चैलाजिनकुशोत्तरम् । ११ ।

ভাবার্থ : শুদ্ধ স্থানে যা খুব উঁচুও হবে না, যা খুব নীচুও হবে না, প্রথমে কুশ, তারপর মৃগছালা এবং সবার ওপর বস্ত্র বিছিয়ে নিজের জন্য স্থির আসনের স্থাপন কর : ১১

तत्रैकाग्रं मनः कृत्वा यतचित्तेन्द्रियक्रियः ।

उपविश्यासने युञ्ज्याद्योगमात्मविशुद्धये । १२ ।

ভাবার্থ : আসনে বসে মন এবং ইন্দ্রিয় গুলিকে নিজের বশে করে একাগ্রচিত্তে নিজের অন্তঃকরণ শুদ্ধ করার জন্য যোগাভ্যাস কর : ১২

समं कायशिरोग्रीवं धारयन्नचलं स्थिरः ।
सम्प्रेक्ष्य नासिकाग्रं स्वं दिशश्चानवलोकयन् ।१३।
प्रशान्तात्मा विगतभीर्ब्रह्मचारिव्रते स्थितः ।
मनः संयम्य मच्चित्तो युक्त आसीत मत्परः ।१४।

ভাবার্থ : দেহ, মাথা ও ঘাড় সোজা ও অচল করে স্থির হয়ে বসো, নিজের নাকের আগ্রভাগের দিকে নজর রাখো, এদিক ওদিকে দেখো না। অন্তঃকরণকে শান্ত করে ব্রহ্মচর্য পালন করে, ভয়রহিত হয়ে আমার প্রতি মন সমর্পন করে আমাকেই সর্বস্ব মনে করে আমাতেই স্থির থাকো : ১৩, ১৪

युञ्जन्नेवं सदात्मानं योगी नियतमानसः ।
शान्तिं निर्वाणपरमां मत्संस्थामधिगच्छति ।१५।

ভাবার্থ : এই বিধিতে যোগী নিজের মনকে সংযত করে আত্মায় স্থিত হয়। এমন যোগী নির্বাণ রূপী সেই পরম শান্তি লাভ করে, যা আমি প্রাপ্ত করতে সক্ষম হয়েছি : ১৫

नात्यश्नतस्तु योगोऽस्ति न चैकान्तमनश्नतः ।
न चाति स्वप्नशीलस्य जाग्रतो नैव चार्जुन ।१६।

ভাবার্থ : হে অর্জুন, যে অধিক ভোজন করে বা যে একেবারেই ক্ষুধার্ত থাকে, যে অতি ঘুমায় বা যে সব সময় জেগেই কাটায়, এমন ধ্যানযোগীর সাধনা সম্পূর্ণ হয় না : ১৬

युक्ताहारविहारस्य युक्तचेष्टस्य कर्मसु ।
युक्तस्वप्नावबोधस्य योगो भवति दुःखहा ।१७।

ভাবার্থ : যার আহার-বিহার ভারসাম্য যুক্ত, যে কর্মকে সঠিক ভাবে পালন করে, যার শোয়া-জাগা নিয়মিত, ধ্যানযোগ তার জন্য দুঃখ নাশক : ১৭

यदा विनियतं चित्तमात्मन्येवावतिष्ठते ।
निःस्पृहः सर्वकामेभ्यो युक्त इत्युच्यते तदा ।१८।

ভাবার্থ : খুব ভালো করে বশীভূত মন যখন একমাত্র নিজের আত্মাতেই স্থির থাকে, তখন সম্পূর্ণ কামনা মিটে যায়। এমন স্থিতিতে সাধক যোগীর স্থান প্রাপ্ত করে : ১৮

यथा दीपो निवातस्थो नेङ्गते सोपमा स्मृता ।
योगिनो यतचित्तस्य युञ्जतो योगमात्मनः ।१९।

ভাবার্থ : যে প্রকারে বায়ুরহিত স্থানে রাখা প্রদীপের শিখা হেলদোল করে না, ঠিক তেমনি নিজের ভেতরের আত্মায় স্থিত যোগীর চিত্ত নিশ্চল দশা প্রাপ্ত করে : ১৯

यत्रोपरमते चित्तं निरुद्धं योगसेवया ।
यत्र चैवात्मनात्मानं पश्यन्नात्मनि तुष्यति ।२०।

ভাবার্থ : ধ্যানযোগের অভ্যাস দ্বারা বশীভূত চিত্ত যখন নিজের আত্মায় রম হয়ে যায়, তখন ব্যক্তি সন্তুষ্ট হয়ে যায় : ২০

सुखमात्यन्तिकं यत्तद्‌बुद्धिग्राह्यमतीन्द्रियम् ।
वेत्ति यत्र न चैवायं स्थितश्चलति तत्त्वतः । २१ ।

ভাবার্থ : এই সন্তুষ্টি ইন্দ্রিয় দ্বারা ভোগ করা যায় না, এটা সেই সুখ যা বুদ্ধি দ্বারা গ্রহণ করা যায়। একবার এই সুখ ভোগ করার পর যোগী কোনো ভাবেই বিচলিত হয়ে না : ২১

यं लब्ध्वा चापरं लाभं मन्यते नाधिकं ततः ।
यस्मिन् स्थितो न दुःखेन गुरुणापि विचाल्यते । २२।

ভাবার্থ : এই সুখ লাভ করার পর ব্যক্তি অন্য কোনো সুখকে এর অধিক বলে মনে করে না। এই অবস্থায় যে মানুষ পৌঁছে যায়, সে অত্যন্ত দুঃখেও কাতর হয় না : ২২

तं विद्याद् दुःखसंयोगवियोगं योगसंज्ञितम् ।
स निश्चयेन योक्तव्यो योगोऽनिर्विण्णचेतसा । २३।

ভাবার্থ : যে সাধনার দ্বারা দুঃখের বিয়গ হয়, তাকে যোগ বলে, কোনো রকম উচাটন ছাড়া নিশ্চয়তার সাথে এই যোগের সাধনা করা উচিত : ২৩

सङ्कल्पप्रभवान्कामांस्त्यक्त्वा सर्वानशेषतः ।
मनसैवेन्द्रियग्रामं विनियम्य समन्ततः । २४ ।
शनैः शनैरुपरमेद्‌बुद्ध्या धृतिगृहीतया ।
आत्मसंस्थं मनः कृत्वा न किञ्चिदपि चिन्तयेत् । २५।

ভাবার্থ : সংকল্প থেকে উৎপন্ন কামনা গুলিকে ত্যাগ করে, মনের দ্বারা সমস্ত ইন্দ্রিয় গুলিকে ভালো করে নিয়ন্ত্রিত করে, ধীরে-ধীরে ধৈর্য্য পূর্বক বুদ্ধি দ্বারা নিজের মনকে নিজের আত্মায় স্থির করে, বিষয়ের থেকে নিবৃত্তি প্রাপ্ত করে এবং কোনো বিষয়ের বিচার মনে আনে না : ২৪, ২৫

यतो यतो निश्चरति मनश्चञ्चलमस्थिरम् ।
ततस्ततो नियम्यैतदात्मन्येव वशं नयेत् । २६ ।

ভাবার্থ : স্থির থাকে না এমন চঞ্চল মন, যেদিকে ধাবিত হয়, সেইদিক থেকে তাকে ফিরিয়ে এনে নিজের ভেতরের আত্মায় নিয়ে আয় : ২৬

प्रशान्तमनसं ह्येनं योगिनं सुखमुत्तमम् ।
उपैति शान्तरजसं ब्रह्मभूतमकल्मषम् । २७ ।

ভাবার্থ : যার রজোগুণ শান্ত হয়ে গেছে, তার মন অবশ্যই পাপরহিত এবং শান্ত হয়ে যায়, এই যোগীর আত্মা পরমাত্মার সাথে একেকার হয়ে পরম সুখের অনুভব করে : ২৭

युञ्जन्नेवं सदात्मानं योगी विगतकल्मषः ।
सुखेन ब्रह्मसंस्पर्शमत्यन्तं सुखमश्नुते । २८ ।

ভাবার্থ : ক্রমাগত যোগের সাধনায় লীন যোগী পাপ ত্যাগ করে ব্রহ্ম সাক্ষাৎকারের আনন্দ অনুভব করে : ২৮

सर्वभूतस्थमात्मानं सर्वभूतानि चात्मनि ।
इक्षते योगयुक्तात्मा सर्वत्र समदर्शनः । २९ ।

ভাবার্থ : যোগ সাধনায় সিদ্ধি লাভ করার পর ব্যক্তি এতটাই সমদর্শী হয়ে যায় যে সমস্ত প্রাণীর মধ্যে নিজেকেই দেখতে পায়, আর সমস্ত প্রাণীর মধ্যে নিজেকে অনুভব করে থাকে : ২৯

यो मां पश्यति सर्वत्र सर्वं च मयि पश्यति ।
तस्याहं न प्रणश्यामि स च मे न प्रणश्यति । ३० ।

ভাবার্থ : যে সর্বত্র আমাকে দেখে, আর আমার মধ্যে প্রত্যেককে খুঁজে পায়, তার থেকে আমি কখনও দূরে চলে যাই না, আর সেও কখনও আমার থেকে দূরে থাকে না : ৩০

सर्वभूतस्थितं यो मां भजत्येकत्वमास्थितः ।
सर्वथा वर्तमानोऽपि स योगी मयि वर्तते । ३१ ।

ভাবার্থ : যে যোগী সকল প্রাণীর মধ্যে আমার অবস্থান এই কথা মেনে নিয়ে একমাত্র আমার উপাসনা করে, সে ওপর থেকে সমস্ত কাজে লিপ্ত হলেও অন্তর থেকে আমার মধ্যেই লীন থাকে : ৩১

आत्मौपम्येन सर्वत्र समं पश्यति योऽर्जुन ।
सुखं वा यदि वा दुःखं स योगी परमो मतः । ३२ ।

ভাবার্থ : হে অর্জুন, যে প্রাণীদের সুখ-দুঃখকে আমার সুখ-দুঃখ বলে মনে করে, সে পরম শ্রেষ্ঠ যোগী : ৩২

অর্জুনের বক্তব্য

योऽयं योगस्त्वया प्रोक्तः साम्येन मधुसूदन ।
एतस्याहं न पस्यामि चञ्चलत्वात्स्थितिं स्थिराम् । ३३ ।

ভাবার্থ : অর্জুন বলেন : হে মধুসূদন, আপনি সকলকে নিজের সমতুল্য দেখার যোগের কথা বলেছেন। মন চঞ্চল হওয়ার জন্য আমি অধিক সময় ধরে এই স্থিতিতে থাকতে পারি না : ৩৩

चञ्चलं हि मनः कृष्ण प्रमाथि बलवद् दृढम् ।
तस्याहं निग्रहं मन्ये वायोरिव सुदुष्करम् । ३४ ।

ভাবার্থ : হে কৃষ্ণ, এই মন অতি চঞ্চল আর মন্থণ শক্তি বিরাজ করে, এটি হঠকারী ও বলবান, একে বশীভূত করা বায়ুকে বশীভূত করার মতো সমান দুষ্কর : ৩৪

শ্রী ভগবানের অমৃত কথা

असंशयं महाबाहो मनो दुर्निग्रहं चलम् ।
अभ्यासेन तु कौन्तेय वैराग्येण च गृह्यते । ३५ ।

ভাবার্থ : ভগবান বলেন , হে মহাবাহো, এটা ঠিক যে চঞ্চল মনকে বশে আনা খুবই কঠিন, কিন্তু হে কুন্তীপুত্র, অভ্যাস ও বৈরাগ্য দ্বারা একে বশ করা যায় : ৩৫

असंयतात्मना योगो दुष्प्राप इति मे मतिः ।

वश्यात्मना तु यतता शक्योऽवाप्तुमुपायतः । ३६ ।

ভাবার্থ : যার নিজের মনের ওপর কোনো নিয়ন্ত্রণ নেই, তার জন্য এই যোগ কঠিন, এটাই আমার মত, কিন্তু যে মানুষ নিজের মনকে বশ করার চেষ্টা করে তার সাধনার দ্বারা এই যোগের সিদ্ধি প্রাপ্ত করা সম্ভব : ৩৬

অর্জুনের বক্তব্য

अयतिः श्रद्धयोपेतो योगाच्चलितमानसः ।

अप्राप्य योगसंसिद्धिं कां गतिं कृष्ण गच्छति । ३७।

ভাবার্থ : অর্জুন বলেন : হে শ্রীকৃষ্ণ, যে মানুষের যোগের প্রতি শ্রদ্ধা থাকে, কিন্তু তার যদি যোগে সিদ্ধি লাভ করার মতো সংযম না থাকে, তাহলে যোগমার্গের মধ্যে যে রাস্তা হারিয়ে ফেলে সে কি গতি প্রাপ্ত করে : ৩৭

कच्चिन्नोभयविभ्रष्टश्छिन्नाभ्रमिव नश्यति ।

अप्रतिष्ठो महाबाहो विमूढो ब्रह्मणः पथि । ३८ ।

ভাবার্থ : হে মহান ভুজাধারী শ্রীকৃষ্ণ, এমন মানুষ সাংসারিক ভোগ তথা ব্রহ্ম, এই দুই ঠিকানার থেকে রহিত হয়ে ছিন্নভিন্ন বাদলের মতো নষ্ট তো হয়ে যায় না : ৩৮

एतन्मे संशयं कृष्ण छेत्तुमर्हस्यशेषतः ।

त्वदन्यः संशयस्यास्य छेत्ता न ह्युपपद्यते । ३९ ।

ভাবার্থ : হে শ্রীকৃষ্ণ, আমি জানি আপনি আমার এই সংশয় সম্পূর্ণ রূপে দূর করতে সক্ষম। আপনি ছাড়া এই সংশয় কেউ দূর করতে পারবে না : ৩৯

শ্রী ভগবানের অমৃত কথা

पार्थ नैवेह नामुत्र विनाशस्तस्य विद्यते ।

न हि कल्याणकृत्कश्चिद् दुर्गतिं तात गच्छति ।४०।

ভাবার্থ : শ্রী ভগবান বলেন : হে পার্থ, যে ব্যক্তি শুভ কর্ম করে তার কখনও নাশ হয় না, না ইহলোকে না পরলোকে। হে পার্থ, কল্যাণমার্গের দিকে বর্ধিত কোনো পা কখনও কোনো দুর্গতির দিকে নিয়ে যায় না : ৪০

प्राप्य पुण्यकृतां लोकानुषित्वा शाश्वतीः समाः ।

शुचीनां श्रीमतां गेहे योगभ्रष्टोऽभिजायते । ४१ ।

अथवा योगिनामेव कुले भवति धीमताम् ।

एतद्धि दुर्लभतरं लोके जन्म यदीदृशम् । ४२ ।

ভাবার্থ : যোগ মার্গ থেকে বিচলিত ব্যক্তি স্বর্গাদি, পুণ্যলোকে বহু বছর ধরে বাস করার পর শুদ্ধ আচরণকারী শ্রীমান জনের ঘরে জন্ম নেয়, অথবা যোগনিষ্ঠ বুদ্ধিমানের ঘরে জন্ম নেয়। এমন জন্ম অতি দুর্লভ : ৪১, ৪২

तत्र तं बुद्धिसंयोगं लभते पौर्वदेहिकम् ।

यतते च ततो भूयः संसिद्धौ कुरुनन्दन । ४३ ।

ভাবার্থ : হে কুরুবংশীয় অর্জুন, সেখানে জন্ম গ্রহণ করে নিজের পূর্ব দেহের মানসিক সংস্কারের বলে বুদ্ধি যোগদ্বারা পুনরায় পরম সিদ্ধি লাভ করার জন্য চেষ্টা করে : ৪৩

पूर्वाभ्यासेन तेनैव ह्रियते ह्यवशोऽपि सः ।

जिज्ञासुरपि योगस्य शब्दब्रह्मातिवर्तते । ४४ ।

ভাবার্থ : আগের অভ্যাসের জোরে এই জিজ্ঞাসু ক্রমাগত নিজের ধ্যেয়ের প্রতি আকৃষ্ট হয় এবং শব্দ ব্রহ্মের দিকে চলে যায় : ৪৪

प्रयत्नाद्यतमानस्तु योगी संशुद्धकिल्बिषः ।

अनेकजन्मसंसिद्धस्ततो याति परां गतिम् । ४५ ।

ভাবার্থ : বহু জন্মের অভ্যাসের জন্য যোগীর সমস্ত পাপ ধুয়ে যায়। বহু জন্মের দৃঢ় প্রচেষ্টার জন্য সে নিজেকে পূর্ণ করে পরমগতি লাভ করে থাকে : ৪৫

तपस्विभ्योऽधिको योगी ज्ञानिभ्योऽपि मतोऽधिकः।

कर्मिभ्यश्चाधिको योगी तस्माद्योगी भवार्जुन । ४६।

ভাবার্থ : যোগী তপস্যার দ্বারা শ্রেষ্ঠত্ব লাভ করে, জ্ঞানীদের থেকে শ্রেষ্ঠ হয় তথা সকামকর্মীদের থেকে শ্রেষ্ঠ হয়। তাই হে অর্জুন তুই যোগী হওয়ার চেষ্টা কর : ৪৬

योगिनामपि सर्वेषां मद्गतेनान्तरात्मना ।

श्रद्धावान्भजते यो मां स मे युक्ततमो मतः । ४७ ।

ভাবার্থ : সমস্ত যোগীদের মধ্যে যে অন্তর থেকে আমার প্রতি লীন থাকে, যে আমার ওপর শ্রদ্ধা রাখে, আমার ভজনা করে, তাকেই আমি সর্বশ্রেষ্ঠ বলে মনে করি : ৪৭

इति श्रीमद्भगवद्गीतासूपनिषत्सु ब्रह्मविद्यायां योगशास्त्रे

श्रीकृष्णार्जुनसंवादे ध्यानयोगो नाम षष्ठोऽध्यायः ॥ ६ ॥

শ্রীমদ্ভগবদ্গীতা রূপী উপনিষদ্ এবং ব্রহ্মবিদ্যা তথা যোগশাস্ত্র বিষয়ক শ্রীকৃষ্ণ ও অর্জুনের সংলাপের 'ধ্যান যোগ' নামক ষষ্ঠ অধ্যায় সম্পূর্ণ হল।

● ● ●

সপ্তম অধ্যায়

জ্ঞান-বিজ্ঞানযোগ

শ্রী ভগবানের অমৃত কথা

मय्यासक्तमनाः पार्थ योगं युञ्जन्मदाश्रयः ।
असंशयं समग्रं मां यथा ज्ञास्यसि तच्छृणु । १ ।

ভাবার্থ : ভগবান বলেন : হে পার্থ, আমার প্রতি সমর্পিত হয়ে, আমারই আশ্রয় নিয়ে যোগ শুরু কর, তাহলে তুই যে পূর্ণ আমিকে জানতে পারবি, তা শোন : ১

ज्ञानं तेऽहं सविज्ञानमिदं वक्ष्याम्यशेषतः ।
यज्ज्ञात्वा नेह भूयोऽन्यज्ज्ञातव्यमवशिष्यते । २ ।

ভাবার্থ : জ্ঞান এবং বিজ্ঞান, এই দুই বিষয় সম্পর্কে আমি তোকে পূর্ণ রূপে বলব, যা জানার পর তোরা আর কিছু জানার প্রয়োজন হবে না : ২

मनुष्याणां सहस्रेषु कश्चिद्यतति सिद्धये ।
यततामपि सिद्धानां कश्चिन्मां वेत्ति तत्त्वतः । ३ ।

ভাবার্থ : সহস্র মানুষের মধ্যে কোনো একজন আমার সিদ্ধির জন্য চেষ্টা করে, এই প্রযত্নকারী সাধকের মধ্যে কোনো একজন আমাকে সমগ্র রূপে জেনে থাকে : ৩

भूमिरापोऽनलो वायुः खं मनो बुद्धिरेव च ।
अहङ्कार इतीयं मे भिन्ना प्रकृतिरष्टधा । ४ ।

ভাবার্থ : পৃথিবী, জল, অগ্নি, বায়ু, আকাশ, মন, বুদ্ধি আর অহংকার, আমার প্রকৃতি এই আটটির ভিত্তিতে গড়ে উঠেছে : ৪

अपरेयमितस्त्वन्यां प्रकृतिं विद्धि मे पराम् ।
जीवभूतां महाबाहो ययेदं धार्यते जगत् । ५ ।

ভাবার্থ : হে মহান ভুজাধারী অর্জুন, এই আটটি ভাবে বিভক্ত আমার অপার প্রকৃতি, এর থেকে ভিন্ন আমার জীব রূপী পরা প্রকৃতি, যা জগতের ধারণ করে রেখেছে : ৫

एतद्योनीनि भूतानि सर्वाणीत्युपधारय ।
अहं कृत्स्नस्य जगतः प्रभवः प्रलयस्तथा । ६ ।

ভাবার্থ : পরা আর অপরা, এই দুই প্রকৃতির দ্বারা সৃষ্টির সমস্ত জীব গড়ে উঠেছে, আর আমিই সম্পূর্ণ সৃষ্টির উদ্গম, আর আমার মধ্যেই সমস্ত সৃষ্টি লীন হয়ে আছে : ৬

मत्तः परतरं नान्यत्किञ्चिदस्ति धनञ्जय ।
मयि सर्वमिदं प्रोतं सूत्रे मणिगणा इव । ७ ।

ভাবার্থ : হে ধনঞ্জয় অর্জুন, সৃষ্টিতে আমার অতিরিক্ত আর কিছুই নেই, মণি যেমন সুতোর সাথে জরিয়ে থাকে, এই সারা বিশ্বও আমার সাথে তেমন ভাবেই জরিয়ে আছে : ৭

रसोऽहमप्सु कौन्तेय प्रभास्मि शशिसूर्ययोः ।
प्रणवः सर्ववेदेषु शब्दः खे पौरुषं नृषु । ८ ।

ভাবার্থ : হে কুন্তীপুত্র অর্জুন, আমি জলেরই তরলতা, আমিই সূর্য ও চাঁদের আলো। বেদের সার ওঁ-কার আমি, আকাশে শব্দ আর নরের মধ্যে পরাক্রম আমি : ৮

पुण्यो गन्धः पृथिव्यां च तेजश्चास्मि विभावसौ ।
जीवनं सर्वभूतेषु तपश्चास्मि तपस्विषु । ९ ।

ভাবার্থ : হে পার্থ, পৃথিবীতে উত্তম গন্ধ, অগ্নিতে তেজ, সমস্ত প্রাণধারীদের জীবন শক্তি আর তপস্বীদের তপ হলাম আমি : ৯

बीजं मां सर्वभूतानां विद्धि पार्थ सनातनम् ।
बुद्धिर्बुद्धिमतामस्मि तेजस्तेजस्विनामहम् । १० ।

ভাবার্থ : হে পার্থ, সম্পূর্ণ জীবনধারার সর্ব প্রথম বীজ হলাম আমি। আমি বুদ্ধিমানদের বুদ্ধি আর আমিই তেজস্বীদের তেজ : ১০

बलं बलवतां चाहं कामरागविवर्जितम् ।
धर्माविरुद्धो भूतेषु कामोऽस्मि भरतर्षभ । ११ ।

ভাবার্থ : হে ভরতশ্রেষ্ঠ, আমি বলবানদের কামনা আর রাগের রহিত বল আর প্রাণীদের মধ্যে ধর্মের অনুকূল কামনা আমি : ১১

ये चैव सात्त्विका भावा राजसास्तामसाश्च ये ।
मत्त एवेति तान्विद्धि न त्वहं तेषु ते मयि । १२ ।

ভাবার্থ : সতোগুণ থেকে উৎপন্ন হওয়া, রজগুণ জাত তথা তমোগুণ থেকে জন্ম গ্রহণকারী, প্রতীত হওয়া সমস্ত জীব, পদার্থ আমার থেকে উৎপন্ন বলেই জানিস। তারা আমার সাহারাতেই টিঁকে আছে, আমি ওদের সাহারায় টিঁকে নেই : ১২

त्रिभिर्गुणमयैर्भावैरेभिः सर्वमिदं जगत् ।
मोहितं नाभिजानाति मामेभ्यः परमव्ययम् । १३ ।

ভাবার্থ : সতোগুণ, রজোগুণ এবং তমোগুণ, এই তিন গুণের দ্বারা নির্মিত পদার্থের দ্বারা এই সারা সংসার মোহিত আর এই সংসার এই তিন গুণের জন্য অন্ধ হয়ে গেছে যার ফলে আমার অবিনাশীকে চিনতে পারে না : ১৩

दैवी ह्येषा गुणमयी मम माया दुरत्यया ।
मामेव ये प्रपद्यन्ते मायामेतां तरन्ति ते । १४ ।

ভাবার্থ : এই অতি অদ্ভূত তিন গুণের ওপর ভিত্তি করে থাকা আমার মায়া খুবই জটিল। যে ব্যক্তি একমাত্র আমার শরণে আসে, সে এই মায়াকে পার করতে সক্ষম হয় : ১৪

न मां दुष्कृतिनो मूढाः प्रपद्यन्ते नराधमाः ।
माययापहृतज्ञाना आसुरं भावमाश्रिताः । १५ ।

ভাবার্থ : যার জ্ঞান মায়া দ্বারা নষ্ট হয়ে গেছে, এমন অসুর স্বভাবের দূষিত কর্ম সম্পাদনকারী, মূঢ় তথা অধম ব্যক্তি আমার শরণে আসে না : ১৫

चतुर्विधा भजन्ते मां जनाः सुकृतिनोऽर्जुन ।
आर्तो जिज्ञासुरर्थार्थी ज्ञानी च भरतर्षभ । १६ ।

ভাবার্থ : হে ভরতশ্রেষ্ঠ, উত্তম কর্ম সম্পাদনকারী এই চার প্রকারের মানুষ আমার ভজনা করে : দুঃখী, জিজ্ঞাসু, সাংসারিক পদার্থের সাথে যুক্ত তথা জ্ঞানী : ১৬

तेषां ज्ञानी नित्ययुक्त एकभक्तिर्विशिष्यते ।
प्रियो हि ज्ञानिनोऽत्यर्थमहं स च मम प्रियः । १७ ।

ভাবার্থ : এদের মধ্যে জ্ঞানীরা সর্বদাই আমার ভক্তিতে লীন থাকে তাই তারা শ্রেষ্ঠ। আমি জ্ঞানীদের প্রিয়, জ্ঞানী আমার প্রিয় : ১৭

उदाराः सर्व एवैत ज्ञानी त्वात्मैव मे मतम् ।
आस्थितः स हि युक्तात्मा मामेवानुत्तमां गतिम् । १८ ।

ভাবার্থ : এই চার প্রকারের ভক্তই ভালো, কিন্তু আমার মতানুসারে জ্ঞানী তো সাক্ষাৎ আমারই স্বরূপ, কারণ সে আমার প্রতি চিত্তবৃত্তি টিঁকিয়ে, আমাকে পরম গতি মনে করে সর্বদা আমাতেই লীন থাকে : ১৮

बहूनां जन्मनामन्ते ज्ञानवान्मां प्रपद्यते ।
वासुदेवः सर्वमिति स महात्मा सुदुर्लभः । १९ ।

ভাবার্থ : বহু জন্মের শেষে জ্ঞানী মানুষ এটা জেনে নেয় যে, বিশ্ব আমার মত বাসুদেবের অতিরিক্ত আর কিছু নয়, এমন মহান আত্মা দুর্লভ : ১৯

कामैस्तैस्तैर्हृतज्ञाना: प्रपद्यन्तेऽन्यदेवता: ।
तं तं नियममास्थाय प्रकृत्या नियता: स्वया । २० ।

ভাবার্থ : ভোগের কামনার জন্য যার জ্ঞান নষ্ট হয়ে যায়, সে নিজের স্বভাবের জন্য অসহায় হয়ে বিধি-বিধান এবং অনুষ্ঠান প্রমুখ পালন করে অন্য দেবতার পূজা করে : ২০

यो यो यां यां तनुं भक्त: श्रद्धयार्चितुमिच्छति ।
तस्य तस्याचलां श्रद्धां तामेव विदधाम्यहम् । २१ ।

ভাবার্থ : নিজের কামনাকে পূরণ করার জন্য যে ভক্ত যে দেবতার যে স্বরূপকে শ্রদ্ধার সাথে পূজা করতে চায়, আমি সেই দেবতার প্রতি এই ভক্তের শ্রদ্ধাকে দৃঢ় করে থাকি : ২১

स तया श्रद्धया युक्तस्तस्याराधनमीहते ।
लभते च तत: कामान्मयैव विहितान्हि तान् । २२ ।

ভাবার্থ : এই শ্রদ্ধার সাথে যুক্ত হয়ে, সেই ভক্ত যে ইষ্ট দেবতার আরাধনা করে, সে নিজের ইষ্টের কাছ থেকে যে লাভ প্রাপ্ত করে, তা আমিই নির্ধারিত করে দিই : ২২

अन्तवत्तु फलं तेषां तद्भवत्यल्पमेधसाम् ।
देवान्देवयजो यान्ति मद्भक्ता यान्ति मामपि । २३।

ভাবার্থ : কিন্তু যে অল্পবুদ্ধি সম্পন্ন ব্যক্তিরা যে ফল লাভ করে তা নাশবান হয়, দেবতাদের পূজারীরা দেবতার কাছে যায়, আমার ভক্ত আমার কাছে আসে : ২৩

अव्यक्तं व्यक्तिमापन्नं मन्यन्ते मामबुद्धय: ।
परं भावमजानन्तो ममाव्ययमनुत्तमम् । २४ ।

ভাবার্থ : বুদ্ধিহীন জন আমার অপ্রকটিত, সর্বোপরি অবিনাশী রূপকে বুঝতে পারে না। তারা আমাকে মানুষ বলে মনে করে আমার সাথে তেমনি ব্যবহার করে : ২৪

नाहं प्रकाश: सर्वस्य योगमायासमावृत: ।
मूढोऽयं नाभिजानाति लोको मामजमव्ययम् । २५ ।

ভাবার্থ : যোগমায়ার দ্বারা আচ্ছাদিত হয়ে থাকার জন্য আমি সবার কাছে অপ্রকটিত। এই মায়ার জন্যই মূর্খরা জানতে পারে না যে, আমার জন্মও নেই, আমার মৃত্যুও নেই : ২৫

वेदाहं समतीतानि वर्तमानानि चार्जुन ।
भविष्याणि च भूतानि मां तु वेद न कश्चन । २६ ।

ভাবার্থ : হে অর্জুন, আমি সেই সমস্ত প্রাণীদের জানি, যারা অতীতে বিদ্যমান ছিল, বর্তমানে আছে এবং ভবিষ্যতেও থাকবে, কিন্তু আমার বাস্তবিক স্বরূপকে কেউ জানে না : ২৩

इच्छाद्वेषसमुत्थेन द्वन्द्वमोहेन भारत ।
सर्वभूतानि सम्मोहं सर्गे यान्ति परन्तप । २७ ।

ভাবার্থ : হে শত্রুদের জন্য অনুতপ্ত ভরতবংশীয় অর্জুন, ইচ্ছা এবং দ্বেষ থেকে উৎপন্ন দ্বন্দ্বের মোহের দ্বারা সমস্ত প্রাণী গ্রাসিত : ২৭

येषां त्वन्तगतं पापं जनानां पुण्यकर्मणाम् ।
ते द्वन्द्वमोहनिर्मुक्ता भजन्ते मां दृढव्रताः । २८ ।

ভাবার্থ : যে শুভ কর্মকারী ব্যক্তিদের পাপ খণ্ডিত হয়ে গেছে, সে সুখ-দুঃখের দ্বন্দ্ব থেকে মুক্ত হয়ে দৃঢ় নিশ্চয়তার সাথে আমার ভজনা করে : ২৮

जरामरणमोक्षाय मामाश्रित्य यतन्ति ये ।
ते ब्रह्म तद्विदुः कृत्स्नमध्यात्मं कर्म चाखिलम् । २९।

ভাবার্থ : বার্ধক্য ও মৃত্যুর থেকে মুক্ত হওয়ার জন্য যে লোকেরা আমার আশ্রয় নিয়ে প্রচেষ্টা চালিয়ে যায়, তারা ব্রহ্ম, আধ্যত্ম এবং কর্মের গতিকে জানতে পারে : ২৯

साधिभूताधिदैवं मां साधियज्ञं च ये विदुः ।
प्रयाणकालेऽपि च मां ते विदुर्युक्तचेतसः । ३० ।

ভাবার্থ : যে মানুষেরা আমাকে অধিভূত, অধিদৈব এবং অধিযজ্ঞ বলে জানে, সে শেষ সময়ে আমাকে জানতে পারে : ৩০

इति श्रीमद्भगवद्गीतासूपनिषत्सु ब्रह्मविद्यायां योगशास्त्रे श्रीकृष्णार्जुनसंवादे ज्ञानविज्ञानयोगो नाम सप्तमोऽध्यायः ॥ ७ ॥

শ্রীমদ্‌ভগবদ্‌গীতা রূপী উপনিষদ্ এবং ব্রহ্মবিদ্যা তথা যোগশাস্ত্র বিষয়ক শ্রীকৃষ্ণ ও অর্জুনের সংলাপের 'জ্ঞান-বিজ্ঞান যোগ' নামক সপ্তম অধ্যায় সম্পূর্ণ হল।

• • •

অষ্টম অধ্যায়

অক্ষর ব্রহ্ম যোগ

অর্জুনের বক্তব্য

किं तद्ब्रह्म किमध्यात्मं किं कर्म पुरुषोत्तम ।
अधिभूतं च किं प्रोक्तमधिदैवं किमुच्यते । १ ।

ভাবার্থ : অর্জুন বলেন : হে পুরুযোত্তম, এই ব্রহ্ম কি? অধ্যাত্ম কি? কর্ম কি? অধিভূত কাকে বলে? অধিদৈব কাকে বলে : ১

अधियज्ञः कथं कोऽत्र देहेऽस्मिन्मधुसूदन ।
प्रयाणकाले च कथं ज्ञेयोऽसि नियतात्मभि । २ ।

ভাবার্থ : হে মধুসূদন, এই দেহে অধিযজ্ঞ কে এবং কিভাবে আছে আর মৃত্যুর সময় যা চিত্তকে স্থির করে তা কিভাবে আপনাকে জানতে পারে : ২

শ্রী ভগবানের অমৃত কথা

अक्षरं ब्रह्म परमं स्वभावोऽध्यात्ममुच्यते ।
भूतभावोद्भवकरो विसर्गः कर्मसञ्ज्ञितः । ३ ।

ভাবার্থ : ভগবান বলেন : যার কখনও ধ্বংস হবে না, সে সর্বোপরি ব্রাহ্মণ, জীবেদের স্বরূপ দ্বারা ব্রহ্মের যে স্বভাব প্রকটিত হয়, তাকে অধ্যাত্ম বলে, জড় জীব প্রভৃতি সৃষ্টির কাজকে ব্রহ্মের কর্ম বলা যায় : ৩

अधिभूतं क्षरो भावः पुरुषश्चाधिदैवतम् ।
अधियज्ञोऽहमेवात्र देहे देहभृतां वर । ४ ।

ভাবার্থ : উৎপন্ন হওয়া এবং নষ্ট হয়ে যাওয়া শরীরে যে ব্রহ্ম বাস করে তাকে অধিভূত বলে। দেবতাদের মধ্যে ব্যাপ্ত ব্রহ্মের স্বরূপকে অধিদৈব বলা হয়। হে দেহধারীদের মধ্যে শ্রেষ্ঠ অর্জুন, এই দেহে আমিই হলাম অধিযজ্ঞ : ৪

अन्तकाले च मामेव स्मरन्मुक्त्वा क्लेवरम् ।
यः प्रयाति स मद्‌भावं याति नास्त्यत्र संशयः ।৫ ।

ভাবার্থ : শেষ জীবনে যে মানুষ শুধুমাত্র আমার স্মরণ করে শরীর ত্যাগ করে, সে আমার স্বরূপের সাথে মিলিত হয়ে যায়, তাতে কোনো সন্দেহ নেই : ৫

यं यं वापि स्मरन्भावं त्यजत्यन्ते क्लेवरम् ।
तं तमेवैति कौन्तेय सदा तद्‌भावभावितः । ६ ।

ভাবার্থ : হে কুন্তীপুত্র অর্জুন, যে মরণ-কালে যে ভাবের স্মরণ করে শরীর ত্যাগ করে, সে সেই ভাবই লাভ করে, আর শেষ সময়ে সেই ভাবই স্মরণে আসে, যাতে সে সর্বদা লীন থাকে : ৬

तस्मात्सर्वेषु कालेषु मामनुस्मर युध्य च ।
मय्यर्पितमनोबुद्धिर्मामेवैष्यस्यसंशयम् । ৭ ।

ভাবার্থ : তাই হে অর্জুন, তুই সর্বদা আমার স্মরণ কর আর যুদ্ধ কর। এইভাবে মন আর বুদ্ধি আমাকে সমর্পণ করলে তুই নিঃসন্দেহে আমাকে প্রাপ্ত করতে পারবি : ৭

अभ्यासयोगयुक्तेन चेतसा नान्यगामिना ।
परमं पुरुषं दिव्यं याति पार्थानुचिन्तयन् । ८ ।

ভাবার্থ : হে পার্থ, যে মানুষ চিত্তকে যে মানুষ তার মনকে চঞ্চল হোতে না দিয়ে পরম দিব্য পুরুষের প্রতি ক্রমাগত একাগ্র থাকার চেষ্টা চালিয়ে যায়, সেই তাকে প্রাপ্ত করে : ৮

कविं पुराणमनुशासितार मणोरणीयांसमनुस्मरेद्यः
सर्वस्य धातारमचिन्त्यरूप- मादित्यवर्णं तमसः परस्तात् । ९ ।
प्रयाणकाले मनसाचलेन भक्त्या युक्तो योगबलेन चैव ।
भ्रुवोर्मध्ये प्राणमावेश्य सम्यक् स तं परं पुरुषमुपैति दिव्यम् ।१०।

ভাবার্থ : যে ব্যক্তি মরণ-কালে মনকে স্থির করে ভক্তিতে স্নান করে এবং যোগবলে দুটি ভ্রুর মধ্যভাগে প্রাণ ধারণ করে এই সৃজনকর্তা, পুরাতন, সকলের শাসক, অণুর থেকেও সূক্ষ্ম, সকলের পালনকর্তা, অচিন্ত্য, সূর্যের সমান তেজস্বী, অন্ধকার রহিত দিব্য পরম পুরুষের স্মরণ করে, সেই পারে সেই দিব্য পরম পুরুষকে প্রাপ্ত করতে : ৯, ১০

यदक्षरं वेदविदो वदन्ति विशन्ति यद्यतयो वीतरागाः।
यदिच्छन्तो ब्रह्मचर्यं चरन्ति तत्ते पदं सङ्ग्रहेण प्रवक्ष्ये । ११।

ভাবার্থ : বেদ সম্পর্কে অভিজ্ঞ ব্যক্তি যাকে অক্ষর বলে, যাতে তপস্বীরা প্রবেশ করে, তথা যে পরম পদ লাভের জন্য ব্রহ্মচর্যের আচরণ করে, এই পরম পদ সম্পর্কে আমি তোকে সংক্ষেপে জানাচ্ছি : ১১

सर्वद्वाराणि संयम्य मनो हृदि निरुध्य च ।
मध्न्यार्धायात्मनः प्राणमास्थितो योगधारणाम् ।१२।
ओमित्येकाक्षरं ब्रह्म व्याहरन्मामनुस्मरन् ।
यः प्रयाति त्यजन्देहं स याति परमां गतिम् ।१३।

ভাবার্থ : সমস্ত ইন্দ্রিয়কে যে কোনো বিষয়ের থেকে সরিয়ে, মনকে নিজের হৃদয়ে স্থির করে, প্রাণকে নিজের মস্তিষ্কের ভেতরের ভাগ মূর্দ্ধাতে স্থাপিত করে যোগদ্বারা আত্মাতে একাগ্র হয়ে তথা ওম্ অক্ষরের উচ্চারণ করে আমার চিন্তায় মগ্ন হয়, যে নিজের দেহ ত্যাগ করে, সে এই সংসার থেকে প্রয়ান করে পরম গতি প্রাপ্ত করে : ১২, ১৩

अनन्यचेताः सततं यो मां स्मरति नित्यशः ।
तस्याहं सुलभः पार्थ नित्ययुक्तस्य योगिनः ।१४।

ভাবার্থ : হে পার্থ, যে সর্বদা আমার প্রতি একাগ্র থেকে ক্রমাগত আমার স্মরণ করে যায়, সর্বদাই আমাতে লীন থাকে, এই যোগীর জন্য আমি অতি সহজ ও সুলভ : ১৪

मामुपेत्य पुनर्जन्म दुःखालयमशाश्वतम् ।
नाप्नुवन्ति महात्मानः संसिद्धिं परमां गताः ।१५।

ভাবার্থ : পরম সিদ্ধি লাভকারী মহাত্মাজন, আমাকে লাভ করার পর অস্থায়ী এবং দুঃখের ঘর জন্মজন্মান্তরের চক্করে পড়ে না : ১৫

आब्रह्मभुवनाल्लोकाः पुनरावर्तिनोऽर्जुन ।
मामुपेत्य तु कौन्तेय पुनर्जन्म न विद्यते ।१६।

ভাবার্থ : হে অর্জুন, ব্রহ্মালোক পর্যন্ত সমস্ত লোক থেকে পুনরায় ফিরে আসতে হয়, কিন্তু হে কুন্তী পুত্র আমাকে পাওয়ার পর আর জন্ম গ্রহণ করতে হয় না : ১৬

सहस्रयुगपर्यन्तमहर्यद्ब्रह्मणो विदुः ।
रात्रिं युगसहस्रान्तां तेऽहोरात्रविदो जनाः ।१७।

ভাবার্থ : যে ব্রহ্মার দিন এবং রাতের রহস্য জানে সে মনে করে যে, ব্রহ্মার দিন এক হাজার যুগের আর রাত হয় এক হাজার যুগের : ১৭

अव्यक्ताद्व्यक्तयः सर्वाः प्रभवन्त्यहरागमे ।
रात्र्यागमे प्रलीयन्ते तत्रैवाव्यक्तसञ्ज्ञके ।१८।

ভাবার্থ : জড়-চেতন যুক্ত সমস্ত পদার্থ এবং জীব ব্রহ্মার দিনের সময় অব্যক্ত থেকে ব্যক্ত হয়ে যায়, ব্রহ্মার রাতের সময় সেই সব অব্যক্ত হয়ে যায় : ১৮

भूतग्रामः स एवायं भूत्वा भूत्वा प्रलीयते ।
रात्र्यागमेऽवशः पार्थ प्रभवत्यहरागमे ।१९।

ভাবার্থ : হে পার্থ, প্রকৃতির বশীভূত পঞ্চতত্ত্বে গঠিত প্রাণিদের সেই সমুদয় উৎপন্ন আর লীন হোতে থাকে। ব্রহ্মার রাতের সময় ব্রহ্মতে লীন হোতে থাকে। ব্রহ্মার দিনের সময় পুনরায় প্রকটিত হয়। এইভাবেই ক্রমাগত চলতে থাকে : ১৯

परस्तस्मात्तु भावोऽन्योऽव्यक्तोऽव्यक्तात्सनातनः ।
य स सर्वेषु भूतेषु नश्यत्सु न विनश्यति । २० ।

ভাবার্থ : কিন্তু এই অব্যক্তের থেকেও ওপরে সর্বদাই বিরাজমান এক অব্যক্ত অস্তিত্ব আছে, যা সনাতন, পঞ্চ তত্ত্ব দিয়ে গঠিত শরীর নষ্ট হয়ে গেলেও তা নষ্ট হয় না : ২০

अव्यक्तोऽक्षर इत्युक्तस्तमाहुः परमां गतिम् ।
यं प्राप्य न निवर्तन्ते तद्धाम परमं मम । २१ ।

ভাবার্থ : এই অব্যক্তকেই অক্ষর বলা হয়, একে পরমগতিও বলে, তাই আমার পরমধাম। এই পরমধাম লাভ করার পর মানুষের পুনরায় জন্ম হয় না : ২১

पुरुषः स परः पार्थ भक्त्या लभ्यस्त्वनन्यया ।
यस्यान्तःस्थानि भूतानि येन सर्वमिदं ततम् । २२ ।

ভাবার্থ : হে পার্থ, সেই পরম পুরুষ লাভ করা যায় একনিষ্ঠ ভক্তির দ্বারা, এই পরম পুরুষের মধ্যে সমস্ত পঞ্চতত্ত্ব দ্বারা গঠিত প্রাণী বিরাজ করে, সেই পরম পুরুষই সারা ব্রহ্মান্ডে ব্যাপ্ত থাকে : ২২

यत्र काले त्वनावृत्तिमावृत्तिं चैव योगिनः ।
प्रयाता यान्ति तं कालं वक्ष्यामि भरतर्षभ । २३ ।

ভাবার্থ : হে ভরতশ্রেষ্ঠ অর্জুন, আমি তোকে সেই কালের কথা বলব, যে কালে শরীর ত্যাগ করার পর যোগীরা আর ফিরে আসে না, আর সেই কালের সম্পর্কেও বলব, যে কালে প্রয়াণের পর ফিরে আসে : ২৩

अग्निर्ज्योतिरहः शुक्लः षण्मासा उत्तरायणम् ।
तत्र प्रयाता गच्छन्ति ब्रह्म ब्रह्मविदो जनाः । २४ ।

ভাবার্থ : অগ্নি, জ্যোতি, দিনের সময়, শুক্ল পক্ষ, উত্তরায়ণের ছয় মাস, এই সময়ে প্রয়াণ লাভকারী ব্রহ্মবেত্তা মানুষ ব্রহ্মকে প্রাপ্ত করে : ২৪

धूमो रात्रिस्तथा कृष्णः षण्मासा दक्षिणायनम् ।
तत्र चान्द्रमसं ज्योतिर्योगी प्राप्य निवर्तते । २५ ।

ভাবার্থ : ধোঁয়া, রাত্রি, কৃষ্ণ পক্ষ ও দক্ষিণায়নের ছয় মাস, এই সময়ে যে যোগীরা গমন করে তারা চন্দ্রজ্যোতি প্রাপ্ত করে ফিরে আসে : ২৫

शुक्लकृष्णे गती ह्येते जगतः शाश्वते मते ।
एकया यात्यनावृत्तिमन्ययावर्तते पुनः । २६ ।

ভাবার্থ : শুক্ল এবং কৃষ্ণ, এর দুটি গতি ধরা হয়। শুক্ল গতি দিয়ে যে যায়, সে আর ফিরে আসে না, কৃষ্ণ গতিতে গমনকারী পুনরায় ফিরে আসে : ২৬

नैते सृती पार्थ जानन्योगी मुह्यति कश्चन ।
तस्मात्सर्वेषु कालेषु योगयुक्तो भवार्जुन । २७ ।

ভাবার্থ : হে পার্থ, যে যোগী এই দুটি মার্গের কথা জানে, সে কখনও কোনো মোহের বন্ধনে আবদ্ধ হয় না, তাই সর্বদা যোগী হওয়ার চেষ্টা কর : ২৭

वेदेषु यज्ञेषु तपःसु चैव दानेषु यत्पुण्यफलं प्रदिष्टम् ।
अत्येति तत्सर्वमिदं विदित्वा योगी परं स्थानमुपैति चाद्यम् । २८।

ভাবার্থ : যে যোগী তা জেনে নিতে পারে, সে বেদে যে যজ্ঞ, তপ ও দান প্রভৃতির ফল লেখা আছে, তার চেয়ে আরো বেশি ফল প্রাপ্ত করে, সে সনাতন পরম পদ প্রাপ্ত করে : ২৮

इति श्रीमद्भगवद्गीतासूपनिषत्सु ब्रह्मविद्यायां योगशास्त्रे श्रीकृष्णार्जुनसंवादे अक्षरब्रह्मयोगो नामाष्टमोऽध्यायः ॥ ८ ॥

শ্রীমদ্ভগবদ্গীতা রূপী উপনিষদ্ এবং ব্রহ্মবিদ্যা তথা যোগশাস্ত্র বিষয়ক শ্রীকৃষ্ণ এবং অর্জুনের সংলাপের 'অক্ষর ব্রহ্ম যোগ' নামক অষ্টম অধ্যায় সম্পূর্ণ হল।

• • •

নবম অধ্যায়

রাজবিদ্যা, রাজগুহ্য যোগ

শ্রী ভগবানের অমৃত কথা

इदं तु ते गुह्यतमं प्रवक्ष्याम्यनसूयवे ।
ज्ञानं विज्ञानसहितं यज्ज्ञात्वा मोक्ष्यसेऽशुभात् । १।

ভাবার্থ : শ্রী ভগবান বলেন : তোর মধ্যে দোষ খোঁজার প্রবৃত্তি নেই, তাই আমি তোকে অতি গুপ্ত জ্ঞান এবং সেই জ্ঞান প্রয়োগ করার বিধি সম্পর্কে বলব, তা জেনে তুই অশুভ থেকে মুক্তি লাভ করতে পারিস : ১

राजविद्या राजगुह्यं पवित्रमिदमुत्तमम् ।
प्रत्यक्षावगमं धर्म्यं सुसुखं कर्तुमव्ययम् । २ ।

ভাবার্থ : এই জ্ঞান সমস্ত বিদ্যার থেকে উঁচু, তা পরম গোপনীয়, অতি পবিত্র, অতি উত্তমকোটি এবং প্রত্যক্ষ ফলদায়ক, তা ধর্মপূর্বক, অভ্যাসের জন্য সরল এবং এর ফলের নাশ হয় না : ২

अश्रद्दधानाः पुरुषा धर्मस्यास्य परंतप ।
अप्राप्य मां निवर्तन्ते मृत्युसंसारवर्त्मनि । ३ ।

ভাবার্থ : হে শত্রুপাতক অর্জুন, যার এই ধর্মময় জ্ঞানের প্রতি শ্রদ্ধা থাকে না, সে আমার ব্রহ্ম পর্যন্ত পৌঁছাতে পারে না, সে জন্ম-মরণের চক্রের মধ্যে ঘুরতে থাকে : ৩

मया ततमिदं सर्वं जगदव्यक्तमूर्तिना ।
मत्स्थानि सर्वभूतानि न चाहं तेष्ववस्थितः । ४ ।

ভাবার্থ : এই সারা সংসার আমার নিরাকার রূপে ব্যাপ্ত। পঞ্চ তত্ত্ব দ্বারা গঠিত সমস্ত প্রাণী আমার মধ্যে ব্যাপ্ত, কিন্তু আমি তার মধ্যে স্থিত নই : ৪

न च मत्स्थानि भूतानि पश्य मे योगमैश्वरम् ।
भूतभृन्न च भूतस्थो ममात्मा भूतभावनः । ५ ।

ভাবার্থ : তুই আমার ঈশ্বরীয় যোগ শক্তি দেখ, পঞ্চ তত্ত্ব দ্বারা গঠিত সমস্ত প্রাণীকে আমি উৎপন্ন করি, আমিই তাদের ধারণ করি এবং পোষণ ও পালন করি, তবুও আমি তাদের থেকে পৃথক : ৫

यथाऽऽकाशस्थितो नित्यं वायुः सर्वत्रगो महान् ।
तथा सर्वाणि भूतानि मत्स्थानीत्युपधारय । ६ ।

ভাবার্থ : আকাশে বিচরণকারী মহান বায়ু যেমন সর্বদা আকাশে অবস্থিত থাকে, তেমনি পঞ্চ তত্ত্ব দ্বারা গঠিত সমস্ত প্রাণী আমার মধ্যেই অবস্থান করে, সেটা মনে রাখিস : ৬

सर्वभूतानि कौन्तेय प्रकृतिं यान्ति मामिकाम् ।
कल्पक्षये पुनस्तानि कल्पादौ विसृजाम्यहम् । ७ ।

ভাবার্থ : হে কুন্তীপুত্র অর্জুন, সমস্ত জড় ও চেতন পদার্থ প্রাণী কল্পের অন্তে আমার প্রকৃতিতে মিলিত হয়ে যায়, আর কল্পের শুরুতে আমি পুনরায় তার রচনা করি : ৭

प्रकृतिं स्वामवष्टभ्य विसृजामि पुनः पुनः ।
भूतग्राममिमं कृत्स्नमवशं प्रकृतेर्वशात् । ८ ।

ভাবার্থ : প্রকৃতিকে মাধ্যম বানিয়ে আমি বারংবার এই পঞ্চ তত্ত্ব দ্বারা গঠিত প্রাণিদের উৎপন্ন করি। প্রাণিরা এইভাবে চলতে বাধ্য : ৮

न च मां तानि कर्माणि निबध्नन्ति धनंजय ।
उदासीनवदासीनमसक्तं तेषु कर्मसु । ९ ।

ভাবার্থ : হে ধনঞ্জয় অর্জুন, সৃষ্টি রচনার কাজ করা সত্ত্বেও আমি কর্মের বন্ধন থেকে মুক্ত, কারণ আমি তটস্থ ভাবে এই কাজ করি আর আমার মধ্যে কোনো আসক্তি নেই : ৯

मयाऽध्यक्षेण प्रकृतिः सूयते सचराचरम् ।
हेतुनानेन कौन्तेय जगद्विपरिवर्तते । १० ।

ভাবার্থ : হে কুন্তীপুত্র, আমার অধ্যক্ষতায় এই প্রকৃতি সমস্ত চরাচর জগতের উৎপন্ন করে আর সংসারের চক্র এইভাবেই ঘুরে চলেছে : ১০

अवजानन्ति मां मूढा मानुषीं तनुमाश्रितम् ।
परं भावमजानन्तो मम भूतमहेश्वरम् । ११ ।

ভাবার্থ : আমার মনুষ্য রূপ দেখার পর মূর্খরা আমার ব্রহ্মকে জানতে পারেনা, জানে না আমি সমস্ত প্রাণির ঈশ্বর, এই অজ্ঞানতার জন্যই আমাকে অবজ্ঞা করে : ১১

मोघाशा मोघकर्माणो मोघज्ञाना विचेतसः ।
राक्षसीमासुरीं चैव प्रकृतिं मोहिनीं श्रिताः । १२ ।

ভাবার্থ : এমন মূর্খ জনেদের আশা ব্যর্থ, কর্ম নিষ্ফল, জানা নিরর্থক, তারা বিবেকহীন, তারা রাক্ষস ও অসুরদের মতো মোহিত করার মতো স্বভাব ধারণ করে থাকে : ১২

महात्मानस्तु मां पार्थ दैवीं प्रकृतिमाश्रिताः ।
भजन्त्यनन्यमनसो ज्ञात्वा भूतादिमव्ययम् । १३ ।

ভাবার্থ : হে পার্থ, দৈবী স্বভাব যুক্ত মহাত্মা জনেরা আমাকে সমস্ত প্রাণীদের মূল বলে মনে করে আর তারা জানে আমি অবিনশ্বর। তারা সমস্ত ধ্যান থেকে নিজেদের সরিয়ে আমার উপাসনা করে : ১৩

सततं कीर्तयन्तो मां यतन्तश्च दृढव्रताः ।
नमस्यन्तश्च मां भक्त्या नित्ययुक्ता उपासते । १४।

ভাবার্থ : দৃঢ় নিশ্চয় যুক্ত ভক্ত জনেরা সর্বদা যত্নের সাথে আমার পূজন, নমন, কীর্তন এবং বন্দনা করে : ১৪

ज्ञानयज्ञेन चाप्यन्ये यजन्तो मामुपासते ।
एकत्वेन पृथक्तवेन बहुधा विश्वतोमुखम् । १५ ।

ভাবার্থ : অনেকে আত্মা ও পরমাত্মাকে এক বলে মনে করে জ্ঞান যোগের দ্বারা আমার উপাসনা করে। আর অনেকে আমার বিরাট স্বরূপের অন্য অংশ গুলির পূজনের মাধ্যমেই আমার উপাসনা করে : ১৫

अहं क्रतुरहं यज्ञः स्वधाहमहमौषधम् ।
मंत्रोऽहमहमेवाज्यमहमग्निरहं हुतम् । १६ ।

ভাবার্থ : আমি কর্মরূপ, আমি যজ্ঞরূপ, আমি আহুতি রূপ, আমি মন্ত্র রূপ, আমি ঘৃতরূপ, আমি অগ্নি রূপ, আর এই সমস্ত রূপকে স্বীকার কারী যজ্ঞ রূপ ক্রিয়াও হলাম আমি : ১৬

पिताहमस्य जगतो माता धाता पितामहः ।
वेद्यं पवित्रमोङ्कार ऋक् साम यजुरेव च । १७ ।

ভাবার্থ : আমি এই সমস্ত জগতের পিতা, আমিই মাতা, আমিই ধারণ কারী, আমি পিতামহ, আমিই হলাম পবিত্র ওঁ-কার। ঋগ্বেদ, যজুর্বেদ, সামবেদ সবই আমি : ১৭

गतिर्भर्ता प्रभुः साक्षी निवासः शरणं सुहृत् ।
प्रभवः प्रलयः स्थानं निधानं बीजमव्ययम् । १८ ।

ভাবার্থ : আমি প্রাপ্ত করার যোগ্য সদ্‌গতি, আমিই পোষণকর্তা, সকলের স্বামী আমি, শুভাশুভের সাক্ষী আমি, সবই আমার মধ্যেই লীন হয়ে আছে, আমিই দাতা, শরণাগতের আশ্রয় আমি, আমিই হিতৈষী। আমিই সৃষ্টি কর্তা, আমিই সৃষ্টির নাশ কর্তা। আমিই সকলের আধার। আমিই প্রলয় কালে সকলকে সামলে থাকি। আমিই উৎপন্নকারী অবিনশ্বর বীজ : ১৮

तपाम्यहमहं वर्षं निगृह्णाम्युत्सृजामि च ।
अमृतं चैव मृत्युश्च सदसच्चाहमर्जुन । १९ ।

ভাবার্থ : হে অর্জুন, সূর্যের মধ্যের তাপ রূপ আমি, আমিই বৃষ্টি প্রদান করি, আমিই বৃষ্টি বন্ধ করি, আমিই অমৃত, আমিই সৎ আবার আমিই অসৎ : ১৯

त्रैविद्या मां सोमपाः पूतपापा यज्ञैरिष्ट्वा स्वर्गतिं प्रार्थयन्ते ।
ते पुण्यमासाद्य सुरेन्द्रलोक- मश्नन्ति दिव्यान्दिवि देवभोगान् । २० ।

ভাবার্থ : তিন বেদ সম্পর্কে অভিজ্ঞ, সোমরাস পানকারী, পাপের থেকে মুক্ত মানুষ, যজ্ঞ দ্বারা আমার পূজা করে স্বর্গ-প্রাপ্তির জন্য প্রার্থনা করি, এই পুণ্য ইন্দ্রলোকে পৌঁছে দেবতাদের দিব্য ভোগ উপভোগ করে: ২০

ते तं भूक्त्वा स्वर्गलोकं विशालं क्षीणे पुण्ये मर्त्यलोकं विशन्ति।
एवं त्रयीधर्ममनुप्रपन्ना गतागतं कामकामा लभन्ते । २१ ।

ভাবার্থ : বিশাল স্বর্গলোক উপভোগ করার পর, যখন তাদের পুণ্য ক্ষীণ হয়ে আসে, তখন সে পুনরায় মৃত্যুলোকে জন্ম গ্রহণ করে। এইভাবে তিনটি বেদে বর্ণিত মার্গ অনুসারে চলা কামনাযুক্ত ব্যক্তি যাওয়া আসার চক্রের মধ্যেই আটকে থাকে : ২১

अनन्याश्चिन्तयन्तो मां ये जनाः पर्युपासते ।
तेषां नित्याभियुक्तानां योगक्षेमं वहाम्यहम् । २२ ।

ভাবার্থ : যে ব্যক্তি শুধুমাত্র আমার চিন্তা করে আমার ভজনা করে, এই নিষ্কাক যোগীদের সাংসারিক লাভ-ক্ষতির ভার আমি আমার নিজের ওপর নিয়ে নিই : ২২

येऽप्यन्यदेवता भक्ता यजन्ते श्रद्धयान्विताः ।
तेऽपि मामेव कौन्तेय यजन्त्यविधिपूर्वकम् । २३ ।
अहं हि सर्वयज्ञानां भोक्ता च प्रभुरेव च ।
न तु मामभिजानन्ति तत्त्वेनातश्च्यवन्ति ते । २४ ।

ভাবার্থ : হে কুন্তীপুত্র যে শ্রদ্ধার সাথে অন্য দেবতাদের পূজা করে, সেও পরোক্ষ ভাবে আমারই পূজা করে, কিন্তু তার সেই পূজা বিধিপূর্বক হয় না। সে জানে না যে, সমস্ত যজ্ঞের উপভোগকারী আর সকলের স্বামী হলাম আমি। এই অজ্ঞানতার জন্য তাকে পুনরায় জন্ম গ্রহণ করতে হয় : ২৩, ২৪

यान्ति देवव्रता देवान् पितृन्यान्ति पितृव्रताः ।
भूतानि यान्ति भूतेज्या यान्ति मद्याजिनोऽपि माम् । २५ ।

ভাবার্থ : যারা দেবতার পূজা করে তারা দেবলোকে যায়, পিতৃদের পূজা করে যারা তারা যায় পিতৃলোকে, অন্য পঞ্চ তত্ত্ব দ্বারা গঠিত প্রাণিদের জন্য যারা প্রযত্ন করে তারা সেই প্রাণীদেরই প্রাপ্ত করে। যে আমার পূজা করে সে আমাকে পায় : ২৫

पत्रं पुष्पं फलं तोयं यो मे भक्त्या प्रयच्छति ।
तदहं भक्त्युपहृतमश्नामि प्रयतात्मनः । २६ ।

ভাবার্থ : স্বচ্ছ মনের ভক্তি দ্বারা ভক্তিপূর্বক পত্র, পুষ্প, জল আমাকে অর্পণ করা হলে, আমি তা স্বীকার করি : ২৬

यत्करोषि यदश्नासि यज्जुहोषि ददासि यत् ।
यत्तपस्यसि कौन्तेय तत्कुरुष्व मदर्पणम् । २७ ।

ভাবার্থ : হে কুন্তীপুত্র, তুই যা কিছু করিস, যা খাস, যজ্ঞের সময় যা আহুতি দিস, যা দান করিস, যা তপস্যা করিস, সেই সব করার সময় শুধু একটাই ভাব রাখিস, যে তুই সবই আমাকে অর্পণ করছিস : ২৭

शुभाशुभफलैरेवं मोक्ष्यसे कर्मबन्धनैः ।
संन्यासयोगयुक्तात्मा विमुक्तो मामुपैष्यसि । २८ ।

ভাবার্থ : এমনটা করতে পারলে তুই কর্মের শুভ-অশুভ ফলের থেকে মুক্ত হয়ে যাবি। কর্মের ফল ত্যাগ করে তুই সন্ন্যাস যোগী হয়ে আমার সাথে এসে মিলিত হ : ২৮

समोऽहं सर्वभूतेषु न मे द्वेष्योऽस्ति न प्रियः ।
ये भजन्ति तु मां भक्त्या मयि ते तेषु चाप्यहम् । २९ ।

ভাবার্থ : পঞ্চ তত্ত্বদ্বারা গঠিত সমস্ত প্রাণিদের মধ্যে আমি সমান রূপে ব্যাপ্ত, আমার কাউর প্রতি কোনো প্রীতি নেই, কাউর প্রতি কোনো দ্বেষ নেই, বাস্তবে যে জন আমাকে ভক্তির সাথে ভজনা করে, আমি তার মধ্যে থাকি আর সে আমার মধ্যে থাকে : ২১

अपि चेत्सुदुराचारो भजते मामनन्यभाक् ।
साधुरेव स मन्तव्यः सम्यग्व्यवसितो हि सः । ३० ।

ভাবার্থ : যদি কোনো মহাদুরাচারী ব্যক্তিও একনিষ্ঠ হয়ে আমার ভজনা করে তাহলে তাকে সজ্জন বলে মানা উচিত, কারণ সে উত্তম নির্ণয় নিয়েছে : ৩০

क्षिप्रं भवति धर्मात्मा शश्वच्छन्तिं निगच्छति ।
कौन्तेय प्रतिजानीहि न मे भक्तः प्रणश्यति । ३१ ।

ভাবার্থ : এমন ব্যক্তি শীঘ্র ধর্মাত্মা হয়ে যায় আর স্থায়ী শান্তি প্রাপ্তি করে। হে কুন্তী পুত্র অর্জুন, তুই নিশ্চত ভাবে জেনে নে যে, আমার ভক্তের কখনও পতন হয় না : ৩১

मां हि पार्थ व्यपाश्रित्य येऽपि स्युः पापयोनयः ।
स्त्रियो वैश्यास्तथा शूद्रास्तेऽपि यान्ति परां गतिम् । ३२ ।
किं पुनर्ब्राह्मणाः पुण्या भक्ता राजर्षयस्तथा ।
अनित्यमसुखं लोकमिमं प्राप्य भजस्व माम् । ३३ ।

ভাবার্থ : হে পার্থ যে ব্যক্তি আমার শরণাগত হয়, সে স্ত্রী হোক, বৈশ্য হোক, শূদ্র হোক বা নিম্ন যোনিতে জন্ম গ্রহণকারী হোক, সে উত্তম গতি প্রাপ্ত করে। তাহলে পুণ্য কর্ম সম্পাদনকারী ব্রাহ্মণ আর রাজর্ষিদের কথা কি বলব! তাই হে অর্জুন, এই ক্ষণভঙ্গুর সুখ রহিত মানব শরীরে থেকে আমার ভজনা কর : ৩২, ৩৩

मन्मना भव मद्भक्तो मद्याजी मां नमस्कुरु ।
मामेवैष्यसि युक्त्वैवमात्मानं मत्परायतः । ३४ ।

ভাবার্থ : তুই আমার প্রতি মন সংযোগ কর, আমার ভক্ত হ, আমার পূজা কর, আমাকে প্রণাম কর, এইভাবে তুই নিজের আত্মাকে আমার সাথে যুক্ত করতে পারবি, আর আমাতেই লীন হয়ে যাবি : ৩৪

इति श्रीमद्भगवद्गीतासूपनिषत्सु ब्रह्मविद्यायां योगशास्त्रे श्रीकृष्णार्जुनसंवादे राजविद्याराजगुह्ययोगो नाम नवमोऽध्यायः ॥ ९ ॥

শ্রীমদ্ভগবদ্গীতা রূপী উপনিষদ্ এবং ব্রহ্মবিদ্যা তথা যোগশাস্ত্র বিষয়ক শ্রীকৃষ্ণ এবং অর্জুনের সংলাপের 'রাজবিদ্যা রাজগুহ্য যোগ' নামক নবম অধ্যায় সম্পূর্ণ হল।

● ● ●

দশম অধ্যায়

বিভূতিযোগ

শ্রী ভগবানের অমৃত কথা

भूय एव महाबाहो शृणु मे परमं वच: ।
यत्तेऽहं प्रीयमाणाय वक्ष्यामि हितकाम्यया । १ ।

ভাবার্থ : ভগবান বলেন : হে মহান ভূজাঁধারী অর্জুন, আমার পরম হিতকারী বচন শোন, তুই আমার অতি প্রিয় তাই আমি তোকে এইসব বলছি। তোর হিতের জন্যই আমি এই কথা তোকে বলব : ১

न मे विदु: सुरगणा: प्रभवं न महर्षय: ।
अहमादिर्हि देवानां महर्षीणां च सर्वश: । २ ।

ভাবার্থ : আমার উৎপত্তির কথা না তো দেবতারা জানে, না মহর্ষিরা জানে, কারণ আমি সমস্ত দেবতা ও মহর্ষিদের আদি কারণ হলাম আমি : ২

यो मामजमनादिं च वेत्ति लोकमहेश्वरम् ।
असंमूढ: स मर्त्येषु सर्वपापै: प्रमुच्यते । ३ ।

ভাবার্থ : যে আমাকে অজন্মা, অনাদি এবং সমস্ত লোকের মহেশ্বর বলে জানে, সে ভ্রম রহিত হয়ে সমস্ত পাপের থেকে মুক্ত হয়ে যায় : ৩

बुद्धिर्ज्ञानसंमोह: क्षमा सत्यं दम: शम: ।
सुखं दु:खं भवोऽभावो भयं चाभयमेव च । ४ ।
अहिंसा समता तुष्टिस्तपो दानं यशोऽयश: ।
भवन्ति भावा भूतानां मत्त एव पृथग्विधा: । ५ ।

ভাবার্থ : প্রাণিদের মধ্যে বিভিন্ন ভাবের জন্ম হয় আমার জন্য। সেই ভাব গুলি হল - বুদ্ধি, জ্ঞান, মোহের অভাব, ক্ষমা, সত্য, ইন্দ্রিয়ের দমন, আন্তরিক শান্তি, সুখ-দুঃখ, উৎপত্তি, বিনাশ, ভয়, অভয়, অহিংসা, সমতা, সন্তোষ, তপ, দান, যশ এবং অপযশ : ৪,৫

महर्षयः सप्त पूर्वे चत्वारो मनवस्तथा ।
मद्‌भावा मानसा जाता येषां लोक इमाः प्रजाः ।६।

ভাবার্থ : সপ্ত মহর্ষি, তাদের আগের চার সনকাদি তথা মনুগণ, এরা সকলেই আমার সংকল্পের থেকে উৎপন্ন আর এদের থেকেই সংসারের সমস্ত প্রাণিদের উৎপত্তি : ৬

एतां विभूतिं योगं च मम यो वेत्ति तत्त्वतः ।
सोऽविकम्पेन योगेन युज्यते नाऽत्र संशयः । ७ ।

ভাবার্থ : আমার অলৌকিক শক্তি এবং যোগশক্তিকে যে ভালো করে জানে, সে নিঃসন্দেহে ভক্তি যোগ দ্বারা আমার মধ্যে লীন হয়ে যায় : ৭

अहं सर्वस्व प्रभवो मत्तः सर्वं प्रवर्तते ।
इति मत्वा भजन्ते मां बुधा भावसमन्विताः । ८ ।

ভাবার্থ : এই সম্পূর্ণ জগতের উৎপত্তির কারণ আমি, আমার জন্যই সৃষ্টিতে চেষ্টা আছে। এই কথা জানে বলেই জ্ঞানীরা প্রেমপূর্বক আমার ভজনা করে : ৮

मच्चित्ता मद्‌गतप्राणा बोधयन्तः परस्परम् ।
कथयन्तश्च मकां नितयं तुष्यन्ति च रमन्ति च ।९।
तेषा सततयुक्तानां भजतां प्रीतिपूर्वकम् ।
ददामि बुद्धियोगं तं येन मामुपयान्ति ते । १० ।

ভাবার্থ : যার মন ও প্রাণ আমাতে লীন, যারা সৎসঙ্গে একে অপরের মধ্যে আমাকে নিয়ে আলোচনা করে সন্তোষ আর আনন্দ লাভ করে, যে ভক্তি পূর্বক আমার প্রেমে নিরন্তর ভজনা করে, আমি তাকে এমনি সুবুদ্ধি প্রদান করি, যাতে সে আমাকে প্রাপ্ত করতে পারে : ৯, ১০,

तेषामेवानुकम्पार्थमहमज्ञानजं तमः ।
नाशयाम्यात्मभावस्थो ज्ञानदीपेन भास्वता । ११ ।

ভাবার্থ : তার প্রতি অনুগ্রহ করে আমি তার অন্তঃকরণে স্থিত হয়ে, জ্ঞানের দ্বীপ দ্বারা তার অজ্ঞানতার অন্ধকারকে নষ্ট করে দিই : ১১

অর্জুনের বক্তব্য

परं ब्रह्म परं धाम पवित्र परमं भवान् ।
पुरुषं शाश्वतं दिव्यमादिदेवमजं विभूम् । १२ ।
आहुस्त्वामृषयः सर्वे देवर्षिर्नारदस्तथा ।
असितो देवलो व्यासः स्वयं चैव ब्रवीषि मे । १३ ।

ভাবার্থ : অর্জুন বলেন : আপনি পরম ব্রহ্ম, পরম ধর্ম, সনাতন দিব্য পুরুষ, আদি দেব আপনি, জন্মরহিত, সর্বব্যাপী, দেবর্ষি নারদ, অসিত, দেবল, ব্যাস এবং সমস্ত ঋষি গণ এমনি বলে থাকেন, আপনি নিজেও আমাকে তাই বলেছেন : ১২, ১৩

सर्वमेतदृतं मन्ये यन्मां वदसि केशव ।
न हि ते भगवन्व्यक्तिं विदुर्देवा न दानवा: । १४ ।

ভাবার্থ : হে কেশব, আপনি আমাকে যা বলেন, আমি সেটাকেই ঠিক বলে মনে করি। হে ভগবান, আপনার এই লীলাময় স্বরূপকে না দেবতাগণ জানে, না দানবেরা জানে : ১৪

स्वयमेवात्मनात्मानं वेत्थ त्वं पुरुषोत्तम ।
भूतभावन भूतेश देवदेव जगत्पते । १५ ।
वक्तुमर्हस्यशेषेण दिव्या ह्यात्मविभूतय: ।
याभिर्विभूतिभिर्लोकानिमांस्त्वं व्याप्य तिष्ठसि । १६।

ভাবার্থ : হে পুরুষোত্তম, হে পঞ্চতত্ত্বে গঠিত প্রাণিদের উৎপাদনকারী, হে প্রাণিদের ঈশ্বর, হে দেবতাদের পূজ্য, হে জগতের স্বামী, আপনি নিজেই নিজেকে সম্পূর্ণ রূপে জানেন, তাই আপনি নিজেই দিব্য বিভূতির সম্পূর্ণতা সম্পর্কে বলুন, যে বিভূতির জন্য আপনি সমস্ত লোকে ব্যাপ্ত হয়ে আছেন : ১৫, ১৬

कथं विद्यामहं योगिंस्त्वां सदा परिचिन्तयन् ।
केषु केषु च भावेषु चिन्त्योऽसि भगवन्मया । १७ ।

ভাবার্থ : হে যোগেশ্বর, আমি ক্রমাগত আপনার কোন কোন রূপের কোন কোন আকারের চিন্তন ও মনন করব : ১৭

विस्तरेणात्मनो योगं विभूतिं च जनार्दन ।
भूय: कथय तृप्तिर्हि शृण्वतो नास्ति मेऽमृतम् । १८ ।

ভাবার্থ : হে জনার্দন, আপনি নিজের যোগশক্তি ও বিভূতি সম্পর্কে বিস্তারিত ভাবে বলুন, কারণ আপনার অমৃত বাণী শ্রবণ করেও আমি তৃপ্তি পাচ্ছি না : ১৮

শ্রী ভগবানের অমৃত কথা

हन्त ते कथयिष्यामि दिव्या ह्यात्मविभूतय: ।
प्राधान्यत: कुरुश्रेष्ठ नास्त्यन्तो विस्तरस्य मे । १९ ।

ভাবার্থ : ভগবান বলেন: হে কুরুশ্রেষ্ঠ, যদিও আমার বিস্তারের কোনো শেষ নেই, তবুও আমি নিজের মুখ্য - মুখ্য বিভূতি গুলি সম্পর্কে তোকে জানাব : ১৯

अहमात्मा गुडाकेश सर्वभूताशयस्थितः ।
अहमादिश्च मध्यं च भूतानामन्त एव च । २० ।

ভাবার্থ : হে নিদ্রা জয়কারী অর্জুন, পঞ্চ তত্ত্ব দ্বারা গঠিত সমস্ত প্রাণির হৃদয়ের মধ্যে অবস্থিত আত্মাই হলাম আমি। আমি সমস্ত প্রাণির আদি, মধ্য এবং অন্ত : ২০

आदित्यानामहं विष्णुर्ज्योतिषां रविरंशुमान् ।
मरीचिर्मरुतामस्मि नक्षत्राणामहं शशी । २१ ।

ভাবার্থ : আদিত্যদের মধ্যে আমি বিষ্ণু। প্রকাশ পূজায় আমি সূর্য। মরুৎ-এ আমি মরীচি নামক তেজ। নক্ষত্রে আমিই চন্দ্রমা : ২১

वेदानां सामवेदोऽस्मि देवानामस्मि वासवः ।
इन्द्रियाणां मनश्चास्मि भूतानामस्मि चेतना । २२ ।

ভাবার্থ : আমি বেদে সামবেদ। দেবতাদের মধ্যে আমিই ইন্দ্র। ইন্দ্রিয়ের মধ্যে আমি মন। প্রাণিদের মধ্যে আমি চেতনা : ২২

रुद्राणां शङ्करश्चास्मि वित्तेशो यक्षरक्षसाम् ।
वसूनां पावकश्चास्मि मेरुः शिखरिणामहम् । २३ ।

ভাবার্থ : রুদ্রের মধ্যে আমি শঙ্কর। যক্ষ তথা রাক্ষসদের মধ্যে আমি ধনের স্বামী কুবের। বসুদের আমি পবিত্রকারী অগ্নি। পর্বতশিখরে আমি সুমেরু পর্বত : ২৩

पुरोधसां च मुख्यं मां विद्धि पार्थ बृहस्पतिम् ।
सेनानीनामहं स्कन्दः सरसामस्मि सागरः । २४ ।

ভাবার্থ : হে পার্থ, পুরোহিতদের মধ্যে আমি মুখ্য বৃহস্পতি। সেনাপতিদের মধ্যে আমি কার্তিকেয় আর জলাশয়ের মধ্যে আমি সমুদ্র : ২৪

महर्षीणां भृगुरहं गिरामस्म्येकमक्षरम् ।
यज्ञानां जपयज्ञोऽस्मि स्थावराणां हिमालयः । २५ ।

ভাবার্থ : মহর্ষিদের মধ্যে আমি ভৃগু। বাণির মধ্যে আমি একাক্ষর 'ওঁ-কার'। যজ্ঞে আমি উপযজ্ঞ আর অচল পদার্থের ক্ষেত্রে আমি হিমালয় : ২৫

अश्वत्थः सर्ववृक्षाणां देवर्षीणां च नारदः ।
गन्धर्वाणां चित्ररथः सिद्धानां कपिलो मुनिः । २६ ।

ভাবার্থ : সমস্ত বৃক্ষের মধ্যে আমি পিপুল। দেবর্ষিদের মধ্যে আমি নারদ। গন্ধর্বগণদের মধ্যে আমি চিত্ররথ। সিদ্ধজনদের মধ্যে আমি কপিল মুণি : ২৬

उच्चैं श्रवसमश्वानां विद्धि माममृतोद्भवम् ।
ऐरावतं गजेन्द्राणां नराणां च नराधिपम् । २७ ।

ভাবার্থ : ঘোড়াদের মধ্যে আমি অমৃত মন্থনের সময় প্রকটিত হওয়া উচ্চৈ: শ্রবা নামক ঘোড়া। হাতিদের মধ্যে আমি সর্বশ্রেষ্ঠ ঐরাবত। মানুষের মধ্যে তুই আমাকে রাজা বলে মনে করতে পারিস : ২৭

आयुधानामहं वज्रं धेनूनामस्मि कामधुक् ।
प्रजनश्चास्मि कन्दर्प-: सर्पाणामस्मि वासुकिः । २८ ।

ভাবার্থ : অস্ত্রের মধ্যে আমি ইন্দ্রের অমোঘ অস্ত্র বজ্র। গাভিদের মধ্যে আমি কামধেনু। সন্তান উৎপাদনের ক্ষেত্রে আমি কামদেব আর সাপেদের মধ্যে আমিই বাসুকি : ২৮

अनन्तश्चास्मि नागानां वरुणो यादसामहम् ।
पितृणामर्यमा चास्मि यमः संयमतामहम् । २९ ।

ভাবার্থ : নাগেদের মধ্যে আমি অনন্ত শিরযুক্ত শেষনাগ, জলচরদের মধ্যে আমি বরুণ, পিতৃলোকে আমি অর্যমা আর শাসন করার ক্ষেত্রে আমিই যম : ২৯

प्रह्लादश्चास्मि दैत्यानां कालः कलयतामहम् ।
मृगाणां च मृगेन्द्रोऽहं वैनतेयश्च पक्षिणाम् । ३० ।

ভাবার্থ : দৈত্যদের মধ্যে আমি প্রহ্লাদ। গণনা করার ক্ষেত্রে আমি সময়। পশুদের মধ্যে আমি সিংহ, পাখিদের মধ্যে আমি গরুড় : ৩০

पवनः पवतामस्मि रामः शस्त्रभृतामहम् ।
झषाणां मकरश्चास्मि स्रोतसामस्मि जाह्नवी । ३१ ।

ভাবার্থ : পবিত্র কারীদের মধ্যে আমি বায়ু। অস্ত্রধারীদের ক্ষেত্রে আমি রাম। মাছেদের মধ্যে আমি কুমীর আর নদীর মধ্যে আমি গঙ্গা : ৩১

सर्गाणामादिरन्तश्च मध्यं चैवाहमर्जुन ।
अध्यात्मविद्या विद्यानां वादः प्रवदतामहम् । ३२ ।

ভাবার্থ : হে অর্জুন, সৃষ্টির আদি, মধ্য আর অন্ত সবই আমি। বিদ্যার ক্ষেত্রে আত্মতত্ত্ব সম্পর্কে বলে সেই আধ্যাত্মিক বিদ্যা আমি। পরস্পরের তর্কের সময় উচিত-অনুচিতের নির্ণয় গ্রহণকারী 'বিতর্ক' হলাম আমি : ৩২

अक्षराणामकारोऽस्मि द्वन्द्वः सामासिकस्य च ।
अहमेवाक्षयः कालो धाताऽहं विश्वतोमुखः । ३३ ।

ভাবার্থ : অক্ষরের মধ্যে আমি হলাম 'অ'। সমাসের মধ্যে আমি হলাম দ্বন্দ্ব সমাস। অবিনাশী কাল হলাম আমি আর আমার দৃষ্টি সবদিকে পরিব্যাপ্ত, আমি সকলের পোষণকারী বিরাট স্বরূপ : ৩৩

मृत्युं सर्वहरश्चाहमुद्भवश्च भविष्यताम् ।
कीर्तिं श्रीर्वाक्च नारीणां स्मृतिर्मेधा धृतिः क्षमा । ३४ ।

ভাবার্থ : সকলের সংহারকারী মৃত্যু হলাম আমি। ভবিষ্যতে উৎপন্ন হওয়া উদ্গম হলাম আমি। স্ত্রীদের মধ্যে লক্ষ্মী, বাণি, স্মৃতি, বুদ্ধি, ধারণশক্তি আর ক্ষমা হলাম আমি : ৩৪

बृहत्साम तथा साम्नां गायत्री छन्दसामहम् ।
मासानां मार्गशीर्षोऽहमृतूनां कुसुमाकरः । ३५ ।

ভাবার্থ : গাওয়ার যোগ্য স্তুতিতে আমি বৃহৎসাম। বৈদিক ছন্দে আমি গায়েত্রী। মাসের মধ্যে আমি অগ্রহায়ণ মাস, আর ঋতুতে আমি বসন্ত : ৩৫

द्यूतं छलयतामस्मि तेजस्तेजस्विनामहम् ।
जयोऽस्मि व्यवसायोऽस्मि सत्त्वं सत्त्ववतामहम् । ३६ ।

ভাবার্থ : যারা ছলকপট করে তাদের জন্য আমি জুয়া। তেজস্বীদের মধ্যে আমি তেজ। জয়ীদের বিজয়ী আমি। নিশ্চয়কারীদের সংকল্প আমি। সত্বগুণ যুক্তদের সাত্বিক ভাব হলাম আমি : ৩৬

वृष्णीनां वासुदेवोऽस्मि पाण्डवानां धनञ्जयः ।
मुनीनामप्यहं व्यासः कवीनामुशना कविः । ३७ ।

ভাবার্থ : বৃষ্ণি বংশীয়দের মধ্যে আমি স্বয়ং বাসুদেব। পন্ডিতদের মধ্যে আমি অর্জুন। অর্থাৎ অন্য পান্ডবদের তুলনায় তোর মধ্যে যে বিশেষত্ব আছে, তা আমার জন্যই আছে। মুনিদের মধ্যে আমি ব্যাস আর কবিদের মধ্যে আমি শুক্রাচার্য : ৩৭

दण्डो दमयतामस्मि नीतिरस्मि जिगीषताम् ।
मौनं चैवास् गुह्यानां ज्ञानं ज्ञानवतामहम् । ३८ ।

ভাবার্থ : দমন কারীর দমন শক্তি হলাম আমি আর যে জয়ের কামনা করে তার সেই নীতি হলাম আমি। গোপনীয় করার ক্ষেত্রে গোপন করার বিদ্যা 'মৌন' হলাম আমি আর জ্ঞানীদের জন্য জ্ঞান তত্ত্ব হলাম আমি : ৩৮

यच्चापि सर्वभूतानां बीजं तदहमर्जुन ।
न तदस्ति विना यत्स्यान्मया भूतं चराचरम् । ३९ ।

ভাবার্থ : আর হে অর্জুন, সমস্ত জড়-জীব প্রভৃতির উৎপত্তির কারণ হলাম আমি। চরাচরে এমন কোনো জীবন বা পদার্থ নেই যার অস্তিত্ব আমি ছাড়া থাকতে পারে : ৩৯

नान्तोऽस्मि मम दिव्यानां विभूतीनां परंतप ।
एष तूद्देशतः प्रोक्तो विभूतेर्विस्तरो मया । ४० ।

ভাবার্থ : হে শত্রুদের জন্য অনুতপ্ত অর্জুন, আমার বিভূতির কোনো শেষ নেই। এখানে আমি সংক্ষেপে কিছু বিভূতির কথা বর্ণনা করলাম : ৪০

यद्यद्विभूतिमत्सत्त्वं श्रीमदूर्जितमेव वा ।
तत्तदेवावगच्छ त्वं मम तेर्जोऽशसंभवम् । ४१ ।

ভাবার্থ : যেখানে যেখানে তুই বিশেষ ঐশ্বর্য, শোভা তথা অলৌকিক শক্তি দেখতে পাবি, জানবি সেই সবই আমার তেজের থেকে উৎপন্ন : ৪১

अथवा बहुनैतेन किं ज्ञातेन तवार्जुन ।
विष्टभ्यामहमिदं कृत्स्नमेकांशेन स्थितो जगत् । ४२ ।

ভাবার্থ : হে অর্জুন, আমার বিভূতি সম্পর্কে তোর বেশি কিছু জানার প্রয়োজন নেই। তুই শুধু এটা জেনে নে যে, এই সম্পূর্ণ জগতকে নিজের এক অংশ দ্বারা ব্যাপ্ত করে আমি অবস্থান করছি : ৪২

इति श्रीमद्भगवद्गीतासूपनिषत्सु ब्रह्मविद्यायां योगशास्त्रे श्रीकृष्णार्जुनसंवादे विभूतियोगो नाम दशमोऽध्यायः ॥ १० ॥

শ্রীমদ্ভগবদ্গীতা রূপী উপনিষদ্ এবং ব্রহ্মবিদ্যা তথা যোগশাস্ত্র বিষয়ক শ্রীকৃষ্ণ এবং অর্জুনের সংলাপের 'বিভূতি যোগ' নামক দশম অধ্যায় সম্পূর্ণ হল।

● ● ●

একাদশ অধ্যায়

বিশ্বরূপ দর্শন যোগ

অর্জুনের বক্তব্য

मदनुग्रहाय परमं गुह्यमध्यात्मसंज्ञितम् ।
यत्त्वयोक्तं वचस्तेन मोहोऽयं विगतो मम । १ ।

ভাবার্থ : অর্জুন বলেন : আমার প্রতি কৃপা করে আপনি অধ্যাত্মিক বিষয়ে যে গোপন বচনের উল্লেখ করেছেন, তাতে আমার অজ্ঞানতা দূর হয়ে গেছে : ১

भवाप्ययौ ह भूतानां श्रुतौ विस्तरशो मया ।
त्वत्तः कमलपत्राक्ष माहात्म्यमपि चाव्ययम् । २ ।

ভাবার্থ : হে কমলনয়ন, আমি আপনার মুখ থেকে সমস্ত জড় পদার্থ এবং চেতন জীবের উৎপত্তি ও বিনাশের বিষয়ে বিস্তারিত শুনে নিয়েছি, আর আপনার অবিনশ্বর মহিমা সম্পর্কেও শুনেছি : ২

एवमेतद्यथात्थ त्वमात्मानं परमेश्वर ।
द्रष्टुमिच्छामि ते रू पमेश्वरं पुरुषोत्तम । ३ ।

ভাবার্থ : হে পরমেশ্বর, আপনি নিজের ইশ্বরীয় রূপ সম্পর্কে যা বললেন, হে পুরুযোত্তম আমি তা প্রত্যক্ষ দেখতে চাই : ৩

मन्यसे यदि तच्छक्यं मया द्रष्टुमिति प्रभो ।
योगेश्वर ततो मे त्वं दर्शयात्मानमव्ययम् । ४ ।

ভাবার্থ : হে প্রভু, হে যোগেশ্বর, যদি আপনার সেই রূপ দেখা আমার পক্ষে সম্ভব হয় তাহলে আমাকে সেই অবিনশ্বর স্বরূপ দর্শন করান : ৪

শ্রী ভগবানের অমৃত কথা

पश्य मे पार्थ रू पाणि शतशोऽथ सहस्रशः ।
नानाविधानि दिव्यानि नानावर्णाकृतीनि च । ५ ।

ভাবার্থ : ভগবান বলেন : হে পার্থ, আমার বহু রকম রঙ এবং আকৃতির হাজার হাজার দিব্য রূপ তুই দর্শন কর : ৫

पश्यादित्यान्वसून् रुद्रानश्विनौ मरुतस्तथा ।
बहून्यदृष्टपूर्वाणि पश्याश्चर्याणि भारत । ६ ।

ভাবার্থ : হে ভরতবংশীয় অর্জুন, তুই আমার মধ্যে আদিত্য, বসু, অশ্বিনীকুমার মরুদ্গণ এবং বহু এমন আশ্চর্য দেখ, যা তুই আগে কখনও দেখিসনি : ৬

इहैकस्थं जगत्कृत्स्नं पश्याद्य सचराचरम् ।
मम देहे गुडाकेश यच्चान्यद् द्रष्टुमिच्छसि । ७ ।

ভাবার্থ : হে ইন্দ্রিয়জয়ী অর্জুন, তুই আমার শরীরের একই স্থানে সমস্ত চল এবং অচল সৃষ্টিকে দেখ আর যা কিছু দেখতে চাস দেখ : ৭

न तु मां शक्यसे द्रष्टुमनेनैव स्वचक्षुषा ।
दिव्यं ददामि ते चक्षुः पश्य मे योगमेश्वरम् । ८ ।

ভাবার্থ : তুই এই চোখ দিয়ে আমার বিশ্বরূপ দেখতে পারবি না, তাই আমি তোকে দিব্য চক্ষু প্রদান করছি। এই চক্ষু দিয়ে তুই আমার ঈশ্বরীয় যোগশক্তিকে দেখ : ৯

সঞ্জয়ের বক্তব্য

एवमुक्त्वा ततो राजन् महायोगेश्वरो हरिः ।
दर्शयामास पार्थाय परमं रू पमेश्वरम् । ९ ।

ভাবার্থ : সঞ্জয় ধৃতরাষ্ট্রকে বলেন : হে রাজন্, এই কথা বলে মহাযোগেশ্বর হরি অর্জুনকে নিজের পরম ঈশ্বরীয় রূপ দেখালেন : ৯

अनेकवक्त्रनयनमनेकाद्भुतदर्शनम् ।
अनेकदिव्याभरणं दिव्यानेकोद्यतायुधम् । १० ।
दिव्यमाल्याम्बरधरं दिव्यागन्धानुलेपनम् ।
सर्वाश्चर्यमयं देवमनन्तं विश्वतोमुखम् । ११ ।

ভাবার্থ : এই ঈশ্বরীয় রূপ দিব্য মালা ধারণ করে ছিল। দিব্য অস্ত্র ধারণ করে ছিল। এইদিব্য রূপে দিব্য গন্ধের লেপন করা ছিল। এইবিশ্বরূপের সমস্ত দিকে মুখ ও চোখ অবস্থিত। এই দিব্য রূপ চমক সৃষ্টিকারী আর সেই রূপের কোনো সীমা পরিসীমা নেই : ১০, ১১

दिवि सूर्यसहस्रस्य भवेद्युगपदुत्थिता ।
यदि भाः सदृशी सा स्याद्भासस्तस्य महात्मनः । १२ ।

ভাবার্থ : যদি আকাশে একসাথে সহস্রাধিক সূর্যের প্রকাশ ঘটে তাহলে হয়তো এই প্রকাশ এই বিরাট রূপ শরীরের প্রভার সমান হোতে পারে : ১২

तत्रैकस्थं जगत्कृत्स्नं प्रविभक्तमनेकधा ।
अपश्यद्देवदेवस्य शरीरे पाण्डवस्तदा । १३ ।

ভাবার্থ : এই সময় পান্ডুপুত্র অর্জুন দেবতাদের দেবের শরীরে বহু রকম ভাবে বিভাজিত সম্পূর্ণ জগতকে একসাথে দেখতে সক্ষম হয়েছেন : ১৩

ततः स विस्मयाविष्टो हृष्टरोमा धनञ्जयः ।
प्रणम्य शिरसा देवं कृताञ्जलिरभाषत । १४ ।

ভাবার্থ : বিস্ময়ে রোমাঞ্চিত ধনঞ্জয় অর্জুন বিশ্বরূপ দেবের প্রতি মাথা নত করে হাত জোড়করে, প্রণাম করে বলেন :

অর্জুনের বক্তব্য

पश्यामि देवांस्तव देव देहे सर्वांस्तथा भूतविशेषसंघान् ।
ब्रह्माणमीशं कमलासनस्थ- मृषींश्च सर्वानुरगांश्च दिव्यान् । १५ ।

ভাবার্থ : অর্জুন বলেন : হে দেব আমি আপনার দেহে সমস্ত দেবতাদের, অনেক রকম প্রাণিদের, কমলাসনে উপবেশনকারী প্রজাদের ঈশ ব্রহ্মা, ঋষিদের এবং দিব্য সর্পদের দেখেছি : ১৫

अनेक बाहूदरवक्त्रनेत्रं पश्यामि त्वां सर्वतोऽनन्तरू पम् ।
नान्तं न मध्यं पुनस्तवादिं पश्यामि विश्वेश्वर विश्वरू प । १६ ।

ভাবার্থ : হে সম্পূর্ণ বিশ্বের স্বামী , আমি আপনার বহু ভূজা, বহু উদর, বহু মুখ, বহু নেত্র এবং অনন্ত রূপ দেখেছি। হে বিশ্বরূপ আমি আপনার আদি, মধ্য ও অন্ত কোথায় তা দেখতে পাচ্ছি না : ১৬

किरीटिनं गदिनं चक्रिणं च तेजोराशिं सर्वतो दीप्तिमन्तम् ।
पश्यामि त्वां दुर्निरीक्ष्यं समन्ता- द्दीप्तानलार्कद्युतिमप्रमेयम् । १७ ।

ভাবার্থ : আমি আপনাকে মুকুট, গদা এবং চক্র ধারণ অবস্থায় দেখতে পাচ্ছি। আপনার অপার অমিত তেজ অগ্নি তথা সূর্যের সমান। এই তেজে আমার চোখ ধাঁধিয়ে যাচ্ছে : ১৭

त्वमक्षरं परमं वेदितव्यं त्वमस्य विश्वस्य परं निधानम् ।
त्वमव्ययः शाश्वतधर्मगोप्ता सनातनस्त्वं पुरुषो मतो मे । १८ ।

ভাবার্থ : আমার বিচার অনুসারে আপনিই জানার যোগ্য। আপনিই অক্ষর ব্রহ্ম। আপনিই বিনাশ রহিত সনাতন পুরুষ। আপনিই জগতের আশ্রয়দাতা। ধর্মের রক্ষক আপনি : ১৮

अनादिमध्यान्तमनन्तवीर्य-मनन्तबाहुं शशिसूर्यनेत्रम् ।
पश्यामि त्वां दीप्तहुताशवक्त्रं स्वतेजसा विश्वमिदं तपन्तम् । १९ ।

ভাবার্থ : আপনার না আদি আছে, না মধ্য, আর অন্তও নেই। আপনার সামর্থ অসীম। আপনি অসংখ্য ভূজাধারী। সূর্য, চন্দ্র হল আপনার নেত্র। আপনার মুখ প্রজ্বলিত অগ্নির মতো তেজস্বী। আপনার তেজে সারা বিশ্ব কাঁপছে : ১৯

द्यावापृथिव्योरिदमन्तरं हि व्याप्तं त्वयैकेन दिशश्च सर्वाः ।
दृष्ट्वाद्भुतं रू पमुग्रं तवेदं लोकत्रयं प्रव्यथितं महात्मन् । २० ।

ভাবার্থ : হে মহান আত্মা, আকাশ এবং পৃথিবীর মধ্যের অন্তরালে আপনি ব্যাপ্ত। আর সমস্ত দিক আপনাতে পরিপূর্ণ। আপনার এমন অদ্ভুত ও উগ্র রূপ দর্শন করে ত্রিভূবন ভয় ভীত হচ্ছে : ২০

अमी हि त्वां सुरसंधा विशन्ति केचिद्भीताः प्राञ्जलयो गृणन्ति।
स्वस्तीत्युक्त्वा महर्षिसिद्धसंघाः स्तुवन्ति त्वां स्तुतिभिः पुष्कलाभिः । २१ ।

ভাবার্থ : দেবতাদের সমূহ আপনার মধ্যে প্রবেশ করছে। কেউ ভয়ভীত হয়ে হাত জোড় করে আপনার গুণগান করছে। মহর্ষিগণ এবং সিদ্ধিলাভকারী গণ স্তোত্রের দ্বারা আপনার স্তুতি করছে আর কল্যাণের কামনা করছে : ২১

रुद्रादित्या वसवो ये च साध्या विश्वेऽश्विनौ मरुतश्चोष्मपाश्च ।
गन्धर्वयक्षासुरसिद्धसंघा वीक्षन्ते त्वां विस्मिताश्चैव सर्वे । २२ ।

ভাবার্থ : রুদ্র, আদিত্য, বসু, সাধ্য গণ, বিশ্বদেব, অশ্বিনী কুমার, মরুদ্‌গণ, পিতৃলোক, গন্ধর্ব, যক্ষ, অসুর এবং সিদ্ধিলাভকারী গণ, সকলেই অবাক দৃষ্টিতে আপনাকে দেখছে : ২২

रूपं महत्ते बहुवक्त्रनेत्रं महाबाहो बहुबाहुरुपादम् ।
बहूदरं बहुदंष्ट्राकरालं दृष्ट्वा लोकाः प्रव्यथितास्तथाहम् । २३ ।

ভাবার্থ : হে মহান ভূজাধারী, আপনার আকার বিশাল। আপনার বহু মুখ, অনেক নেত্র, অনেক গুলি বাহু, অনেক জঙ্ঘা, অনেক চরণ এবং অনেক উদর, আপনার দন্ত বিকৃত। এই সমস্ত দেখার পর আমি এবং সমস্ত লোক ব্যাকুল হয়ে পড়ছে : ২৩

नभःस्पृशं दीप्तमनेकवर्णं व्यात्ताननं दीप्तविशालनेत्रम् ।
दृष्ट्वा हि त्वां प्रव्यथितान्तरात्मा धृतिं न विन्दामि शमं च विष्णो । २४ ।

ভাবার্থ : হে বিষ্ণু, আকাশকে স্পর্শ করে বহু রঙে চমকিত হয়ে, বড় তেজস্বী নেত্র তথা উন্মুক্ত মুখ দেখে আমার অন্তঃকরণ ভয়ভীত হচ্ছে, আমি আমি ধৈর্য্য ও শান্তি লাভ করতে অসমর্থ হচ্ছি : ২৪

दंष्ट्राकरालानि च ते मुखानि दृष्ट्वैव कालानलसंनिभानि ।
दिशो न जाने न लभे च शर्म प्रसीद देवेश जगन्निवास । २५ ।

ভাবার্থ : আপনার বিশাল দন্ত যুক্ত মুখ প্রলয় কালের অগ্নির সমান। তা দেখার পর আমার দিশার জ্ঞান লুপ্ত হয়েছে, আর আমি শান্তি লাভ করতেও পাচ্ছি না। হে দেবতাদের ঈশ, হে জগতের আশ্রয়, আপনি প্রসন্ন হোন : ২৫

अमी च त्वां धृतराष्ट्रस्य पुत्राः सर्वे सहैवावनिपालसंघैः ।
भीष्मो द्रोणः सूतपुत्रस्तथासौ सहास्मदीयैरपि योधमुख्यैः । २६ ।
वक्त्राणि ते त्वरमाणा विशन्ति दंष्ट्राकरालानि भयानकानि ।
केचिद्विलग्ना दशनान्तरेषु संदृश्यन्ते चूर्णितैरुत्तमाङ्गैः । २७ ।

ভাবার্থ : ধৃতরাষ্ট্রের সমস্ত পুত্র, রাজরাজা গণ, ভীষ্ম, দ্রোণ, কর্ণ এবং আমাদের পক্ষের মুখ্য যোদ্ধারাও প্রচণ্ড গতিতে আপনার ভয়ানক এবং বিকৃত দাঁত যুক্ত মুখে প্রবেশ করছে। তাদের মধ্যে কয়েক জনের মস্তক আপনার দাঁতে পিষে গিয়ে সেখানেই আটকে আছে : ২৬, ২৭

यथा नदीनां बहवोऽम्बुवेगाः समुद्रमेवाभिमुखा द्रवन्ति ।
तथा तवामी नरलोकवीरा विशन्ति वक्त्राण्यभिविज्वलन्ति । २८।

ভাবার্থ : যেভাবে নদী গুলোর প্রচণ্ড ধারা সমুদ্রে প্রবেশ করে, সেইভাবে শূরবীর মনুষ্য সমূহ আপনার প্রজ্বলিত মুখে প্রবেশ করছে : ২৮

यथा प्रदीप्तं ज्वलनं पतङ्गा विशन्ति नाशाय समृद्धवेगाः ।
तथैव नाशाय विशन्ति लोका- स्तवापि वक्त्राणि समृद्धवेगाः । २९ ।

ভাবার্থ : পতঙ্গ যেমন নিজেকে ধ্বংস করার জন্য প্রচন্ড গতিতে প্রজ্জ্বলিত অগ্নির দিকে ছুটে যায়, ঠিক তেমনি সমস্ত লোকেরা নষ্ট হওয়ার জন্য তীব্র গতিতে আপনার মুখের মধ্যে প্রবেশ করছে : ২৯

लेलिह्यसे ग्रसमानः समन्ता-ल्लोकान्समग्रान्वदनैर्ज्वलद्भिः ।
तेजोभिरापूर्य जगत्समग्रं भासस्तवोग्राः प्रतपन्ति विष्णो । ३० ।

ভাবার্থ : হে বিষ্ণু, আপনি সমস্ত লোকেদের নিজের জ্বলন্ত মুখ দ্বারা চাটছেন, এবং গিলে নিচ্ছেন। আপনার উগ্র তেজ সম্পূর্ণ জগতকে তপ্ত করে তুলছে : ৩০

आख्याहि मे को भवानुग्ररू पोनमोऽस्तु ते देववर प्रसीद ।
विज्ञातुमिच्छामि भवन्तमाद्यं न हि प्रजानामि तव प्रवृत्तिम् । ३१ ।

ভাবার্থ : হে দেব, আমার প্রণাম গ্রহণ করুন। আপনি প্রসন্ন হোন আর আমাকে বলুন যে, আপনার এই অতি উগ্র রূপের প্রকৃত স্বরূপ কি। আমি আপনার প্রবৃত্তি সম্পর্কে জানিনা। হে আদি পুরুষ, আমি আপনাকে যথার্থ রূপে জানতে চাই : ৩১

শ্রী ভগবানের অমৃত কথা

कालोऽस्मि लोकक्षयकृत्प्रवृद्धो लोकान्समाहर्तुमिह प्रवृत्तः ।
ऋतेऽपि त्वां न भविष्यन्ति सर्वे येऽवस्थिताः प्रत्यनीकेषु योधाः । ३२ ।

ভাবার্থ : ভগাবন বলেন : আমি লোকেদের বিনাশকারী মহাকাল। লোকেদের সংহার করার জন্য আমি প্রকটিত হয়েছি। তুই যদি যুদ্ধ নাও করিস তাহলেও সেনাদের মধ্যে দন্ডায়মান এই যোদ্ধারা জীবিত থাকবে না : ৩২

तस्मात्त्वमुत्तिष्ठ यशो लभस्व जित्वा शत्रून्भुंक्ष्व राज्यं समृद्धम् ।
मयैवैते निहताः पूर्वमेव निमित्तमात्रं भव सव्यसाचिन् । ३३ ।

ভাবার্থ : তাই তুই উঠে দাঁড়া। শত্রুদের জয় করে যশ লাভ কর এবং ধনধান্যে সম্পন্ন রাজ্যের সুখ ভোগ কর। হে সব্যসাচী অর্জুন, আমি এদের সকলকে আগে থেকেই মেরে দিয়েছি, তুই শুধু নিমিত্ত মাত্র : ৩৩

द्रोणं च भीष्मं च जयद्रथं च कर्णं तथान्यानपि योधवीरान् ।
मया हतांस्त्वं जहि मा व्यथिष्ठा युध्यस्व जेतासि रणे सपत्नान् । ३४।

ভাবার্থ : দ্রোণ, ভীষ্ম, জয়দ্রথ, কর্ণ তথা অন্য যোদ্ধা আমার দ্বারা মারা গেছে। ওদের মেরে তুই দুঃখ করিস না, তুই যুদ্ধ কর, সংগ্রামে তুই শত্রুদের ওপর বিজয় প্রাপ্ত করবি : ৩৪

সঞ্জয়ের বক্তব্য

एतच्छ्रुत्वा वचनं केशवस्य कृताञ्जलिर्वेपमानः किरीटी ।
नमस्कृत्वा भूय एवाह कृष्णं सगद्गदं भीतभीतः प्रणम्य । ३५ ।

ভাবার্থ : সঞ্জয় ধৃতরাষ্ট্রকে বলেন : ভগবান, কেশবের এই বচন শুনে মুকুটধারী অর্জুন ভয়ভীত হয়ে কেঁপে উঠে ভগবানের উদ্দেশ্যে হাতজোড় করে প্রণাম জানাচ্ছেন আর অবরুদ্ধ কণ্ঠে বলছেন : ৩৫

स्थाने हृषीकेश तव प्रकीर्त्या जगत्प्रहृष्यत्यनुरज्यते च ।
रक्षांसि भीतानि दिशो द्रवन्ति सर्वे नमस्यन्ति च सिद्धसंघाः । ३६।

ভাবার্থ : হে হৃষিকেশ শ্রীকৃষ্ণ, আপনার গুণের কীর্তন করতে পেরে সারা জগৎ প্রসন্ন আর প্রেমে মগ্ন হয়ে রয়েছে, এটাই উচিত। রাক্ষসরা ভয়ভীত হয়ে বিভিন্ন দিকে পলায়ন করছে আর সিদ্ধিলাভকারীরা আপনাকে প্রণাম জানাচ্ছেন : ৩৬

कस्माच्च ते न नमेरन्महात्मन् गरीयसे ब्रह्मणोऽप्यादिकर्त्रे ।
अनन्त देवेश जगन्निवास त्वमक्षरं सदसत्तत्परं यत् । ३७ ।

ভাবার্থ : হে মহান আত্মা, ওরা আপনাকে কেনোই বা প্রণমা করবে না? আপনি আদিকর্তা ব্রহ্মার থেকেও বড়ো। আপনি অনন্ত। আপনি দেবতাদের ঈশ। জগতের আশ্রয়। আপনি সৎ এবং অসৎ থেকেও শ্রেষ্ঠ অক্ষর অবিনশ্বর : ৩৭

त्वमादिदेवः पुरुषः पुराण-स्त्वमस्य विश्वस्य परं निधानम् ।
वेत्ताऽसि वेद्यं च परं च धाम त्वया ततं विश्वमनन्तरू प । ३८ ।

ভাবার্থ : হে অনন্ত রূপ, আপনি আদি দেব, আপনিই সনাতন পুরুষ, আপনি এই বিশ্বের আশ্রয় দাতা। আপনি জানার যোগ্য এবং আপনিই জানানোর কর্তা। আপনি পরমধাম, এই সারা জগত আপনাতেই ব্যাপ্ত : ৩৮

वायुर्यमोऽग्निर्वरुणः शशाङ्कः प्रजापतिस्त्वं प्रपितामहश्च ।
नमो नमस्तेऽस्तु सहस्रकृत्वः पुनश्च भूयोऽपि नमो नमस्ते । ३९ ।

ভাবার্থ : আপনি বায়ু, যম, অগ্নি, বরুণ, চন্দ্র এবং প্রজাপতি। এমনকি প্রজাপতির পিতা যে ব্রহ্মা, আপনি তাঁরও পিতা, আপনাকে হাজার হাজার প্রণাম, পুনঃ-পুনঃ প্রণাম : ৩৯

नमः पुरस्तादथ पृष्ठस्ते नमोऽस्तु ते सर्वत एव सर्व ।
अनन्तवीर्यामितविक्रमस्त्वं सर्वं समाप्नोषि ततोऽसि सर्व-: । ४०।

ভাবার্থ : হে সর্বরূপ, আপনার সামর্থের কোনো সীমা নেই। আপনি সারা জগতে ব্যাপ্ত হয়ে আছেন, আপনার পরাক্রম অনন্ত, তাই আপনাকে সামনের থেকেও প্রণাম, পিছন থেকেও প্রণাম, সমস্ত দিক থেকে প্রণাম : ৪০

सखेति मत्वा प्रसभं यदुक्तं हे कृष्ण हे यादव हे सखेति ।
अजानता महिमानं तवेदं मया प्रमादात्प्रणयेन वापि । ४१ ।

ভাবার্থ : আমি আপনার মহিমা না বুঝেই আপনাকে নিজের সখা বলে মনে করে হে কৃষ্ণ, হে যাদব, হে মিত্র বলে সম্বধন করেছি। এই সবই স্নেহের জন্য, অসাবধান হয়ে এমন কাজ করেছি : ৪২

यच्चावहासार्थमसत्कृतोऽसि विहारशय्यासनभोजनेषु ।
एकोऽथवाप्यच्युत तत्समक्षं तत्क्षामये त्वामहमप्रमेयम् । ४२ ।

ভাবার্থ : হে অচ্যুত, হে অসীম, আমি কখনও হাস্য-উপহাসের সময়, মনোরঞ্জনের সময়, শয্যার ওপরে বিশ্রাম করার সময়, বসার সময়, ভোজনের সময়, একান্তে তথা অন্য জনেদের সামনে যদি আপনার তিরস্কার করে থাকি, তাহলে তার জন্য আমি আপনার কাছে ক্ষমা চাইছি : ৪২

पितासि लोकस्य चराचरस्य त्वमस्य पूज्यश्च गुरु र्गरीयान् ।
न त्वत्समोऽस्त्यभ्यधिकः कुतोऽन्यो लोकत्रयेऽप्यप्रतिमप्रभावः । ४३ ।

ভাবার্থ : হে অতিশয় প্রভাব সম্পন্ন, আপনি এই চরাচর জগতের পিতা, পূজ্য আপনি, আপনিই গুরু, বা তার চেয়েও বেশি কিছু। ত্রিভূবনে আপনার সমান আর কেউ নেই, তাহলে আপনার থেকে বড়ো কে হোতে পারে : ৪৩

तस्मात्प्रणम्य प्रणिधाय कायं प्रसादये त्वामहमीशमीड्यम् ।
पितेव पुत्रस्य सखेव सख्युः प्रियः प्रियायार्हसि देव सोढुम् । ४४ ।

ভাবার্থ : তাই আমি আপনার মতো স্তুতিযোগ্য ঈশ্বরের চরণে মাথা নত করে প্রণাম জানাচ্ছি এবং আপনার কাছে প্রার্থনা করছি যে, হে দেব, যেভাবে পিতা পুত্রের, মিত্র মিত্রের, প্রেমী প্রিয়তমের ব্যবহারকে সহ্য করে, তেমনিই আপনি আমার ব্যবহার সহ্য করুন : ৪৪

अदृष्टपूर्वं हृषितोऽस्मि दृष्ट्वा भयेन च प्रव्यथितं मनो मे ।
तदेव मे दर्शय देवरूपं प्रसीद देवेश जगन्निवास । ४५ ।

ভাবার্থ : এর আগে আমি কখনও আপনার এই বিশ্বরূপ দেখিনি, এর দর্শন লাভ করে আমি অতি প্রসন্ন হয়েছি, আর ভয়ে ব্যথিতও হয়েছি। তাই হে দেব, দেবতাদের দেব, হে জগন্নিবাস আমার ওপর প্রসন্ন হয়ে দয়া করে আপনার দেবরূপ দেখান : ৪৫

किरीटिनं गदिनं चक्रहस्त-मिच्छामि त्वां द्रष्टुमहं तथैव ।
तेनैव रू पेण चतुर्भुजेन सहस्त्रबाहो भव विश्वमूर्ते । ४६ ।

ভাবার্থ : হে বিশ্বরূপ, আমি আপনার মুকুট ধারণ করা, শঙ্খ, চক্র, গদা, পদ্ম হাতে আপনার যে দেবরূপ তা দেখতে চাই। হে সহস্রভুজা ধারী আপনি নিজের চতুর্ভুজ রূপে প্রকটিত হন : ৪৬

শ্রী ভগবানের অমৃত কথা

मया प्रसन्नेन तवार्जुनेदं रूपं परं दर्शितमात्मयोगात् ।
तेजोमयं विश्वमनन्तमाद्यं यन्मे त्वदन्येन न दृष्टपूर्वम् । ४७ ।

ভাবার্থ : ভগবান বলেন : হে অর্জুন, তোর ওপর প্রসন্ন হয়েই আমি আমার যোগবল দ্বারা তোকে আমার অনন্ত এবং সবচেয়ে আদি রূপের সর্ববৃহৎ রূপ দেখিয়েছিলাম। তাই এর আগে আমার এই পরম তেজস্বী রূপ আর কেউ কখনও দেখতে পাইনি : ৪৭

न वेदयज्ञाध्ययनैर्न दानैर्न च क्रियाभिर्न तपोभिरुग्रैः ।
एवंरू पः शक्य अहं नृलोके द्रष्टुं त्वदन्येन कुरुप्रवीर । ४८ ।

ভাবার্থ : হে কুরুশ্রেষ্ঠ অর্জুন, আমার যে রূপ তুই দেখলি, তা মনুষ্যলোকে তুই ছাড়া আর কাউরই দেখা সম্ভব না, বেদের অধ্যায়ন করে, দান করে, কর্মকান্ড করে, বা কঠোর তপস্যা করেও তা দেখা সম্ভব না : ৪৮

मा ते व्यथा मा च विमूढभावो दृष्ट्वा रू पं घोरमीदृङ्ममेदम् ।
व्यपेतभीः प्रीतमनाः पुनस्त्वं तदेव मे रू पमिदं प्रपश्य । ४९ ।

ভাবার্থ : আমার এই ভয়ঙ্কর রূপ দেখে তুই ব্যাকুল হোস না, ভ্রমে পরিস না, ভয়রহিত হয়ে প্রসন্নচিত্তে তুই আমার পূর্বের রূপ দেখ : ৪৯

সঞ্জয়ের বক্তব্য

इत्यर्जुनं वासुदेवस्तथोक्त्वा स्वकं रू पं दर्शयामास भूयः ।
आश्वासयामास च भीतमेनं भूत्वा पुनः सौम्यवपुर्महात्मा । ५० ।

ভাবার্থ : সঞ্জয় বলেন : বাসুদেব মহাত্মা কৃষ্ণ এই কথা বলে অর্জুনকে নিজের সৌম্য রূপ দেখান এবং ভয়ভীত অর্জুনকে শান্ত করেন : ৫০

অর্জুনের বক্তব্য

दृष्ट्वेदं मानुष रू पं सौम्य जनार्दन ।
इदानीमस्मि संवृत्तः सचेताः प्रकृतिं गतः । ५१ ।

ভাবার্থ : অর্জুন বলেন : হে জনার্দন, আপনার সৌম্য মনুষ্য রূপ দেখে আমার মন শান্ত হয়েছে, আমি সাধারণ অবস্থা প্রাপ্ত করতে পারছি : ৫১

শ্রী ভগবানের অমৃত কথা

सुदुर्दर्शमिदं रू पं दृष्ट्वानसि यन्मम ।
देवा अप्यस्य रू पस्य नित्यं दर्शनकांक्षिणः । ५२ ।

ভাবার্থ : শ্রী ভগবান বলেন : তুই আমার যে রূপ দর্শন করতে পেরেছিস, তা অতি দুর্লভ, দেবতাগণ আমার এই স্বরূপ দর্শন করার জন্য উৎসুক হয়ে থাকে : ৫২

नाहं वेदैर्न तपसा न दानेन न चेज्यया ।
शक्य एवंविधो द्रष्टुं दृष्टवानसि मां यथा । ५३ ।

ভাবার্থ : বেদের অধ্যয়ন করে, তপ, দান বা যজ্ঞ করেও আমার এই রূপ দেখা সম্ভব না, যা তোকে আমি দেখিয়েছি : ৫৩

भक्त्या त्वनन्यया शक्य अहमेवंविधोऽर्जुन ।
ज्ञातुं द्रष्टुं च तत्त्वेन प्रवेष्टुं च परंतप । ५४ ।

ভাবার্থ : হে শত্রুদের জন্য অনুতপ্ত অর্জুন, আমার এই রূপ দর্শন করার জন্য আমার প্রতি একনিষ্ঠ ভক্তি থাকতে হবে। আমাকে যথার্থ রূপে দেখার মতো ইচ্ছা থাকতে হবে আর আমার মধ্যে লীন হওয়ার মতো সমর্পণ থাকতে হবে : ৫৪

मत्कर्मकृन्मत्परमो मद्भक्तः संगवर्जितः ।
निर्वैरः सर्वभूतेषु यः स मामेति पाण्डव । ५५ ।

ভাবার্থ : হে পান্ডুপুত্র অর্জুন, যে কার্য করার সময় এটা মনে করে যে আমি করছি, যার কাছে আমি সর্বশ্রেষ্ঠ, যে সাংসারিক পদার্থ এবং জীবদের প্রতি কোনো আসক্তি রাখে না, যার মনে কোনো দ্বেষভাব থাকে না, এমন ভক্ত আমাকে লাভ করে : ৫৫

इति श्रीमद्भगवद्गीतासूपनिषत्सु ब्रह्मविद्यायां योगशास्त्रे
श्रीकृष्णार्जुनसंवादे विश्वरूपदर्शनयोगो नामैकादशोऽध्यायः ॥ ११ ॥

শ্রীমদ্ভগবদ্গীতা রূপী উপনিষদ্ এবং ব্রহ্মবিদ্যা তথা যোগশাস্ত্র বিষয়ক শ্রীকৃষ্ণ এবং অর্জুনের সংলাপের 'বিশ্বরূপ দর্শন যোগ' নামক একাদশ অধ্যায় সম্পূর্ণ হল।

• • •

দ্বাদশ অধ্যায়

ভক্তিযোগ

অর্জুনের বক্তব্য

एवं सततयुक्ता ये भक्तास्त्वां पर्युपासते ।
ये चाप्यक्षरमव्यक्तं तेषां के योगवित्तमाः । १ ।

ভাবার্থ : অর্জুন বলেন : যে ভক্তজন আপনার রূপ আকারে লীন হয়ে সর্বদা আপনার উপাসনা করে, আর যে অব্যক্ত অর্থাৎ নিরাকার অবিনাশ্বর ব্রহ্মের উপাসনা করে, এই দুই প্রকারের যোগির মধ্যে উত্তম কে : ১

শ্রী ভগবানের অমৃত কথা

मय्यावेश्य मनो ये मां नित्ययुक्ता उपासते ।
श्रद्धया परयोपेतास्ते मे युक्ततमा मताः । २ ।

ভাবার্থ : ভগবান বলেন : যে জন মনের মধ্যে আমাকে স্থির রেখে শ্রদ্ধাপূর্বক নিরন্তর আমার উপাসনা করে যায়, আমার মতে সে অন্য যোগিদের থেকে শ্রেষ্ঠ : ২

ये त्वक्षरमनिर्देश्यमव्यक्तं पर्युपासते ।
सर्वत्रगमचिन्त्यं च कूटस्थमचलं ध्रुवम् । ३ ।
सन्नियम्येन्द्रियग्रामं सर्वत्र समबुद्धयः ।
ते प्राप्नुवन्ति मामेव सर्वभूतहिते रताः । ४ ।

ভাবার্থ : যে ব্যক্তি ইন্দ্রিয় গুলিকে নিজের অধীনে রেখে, সমস্ত প্রাণির কল্যাণের কথা ভেবে সেই সর্বব্যাপী অব্যক্ত ব্রহ্মের উপাসনা করে, যে অবিনাশ্বর, দৃঢ়, অচল, অটল, স্থির, সেই সাথে অপ্রত্যক্ষ হওয়ার জন্য মন বুদ্ধির সীমার ওপরে, সেই নিরাকারের উপাসনা করে সে আমাকে লাভ করে : ৩, ৪

क्लेशोऽधिकतरस्तेषामव्यक्तासक्तचेतसाम् ।
अव्यक्ता हि गतिर्दुःखं देहवद्भिरवाप्यते । ५ ।

ভাবার্থ : যার চিত্ত অপ্রতক্ষ অর্থাৎ নিরাকারে নিমজ্জিত, তাকে সাধনায় শ্রম করতে হয়, কারণ দেহধারীদের জন্য অব্যক্ত অর্থাৎ নিরাকারের উপাসনা করা কষ্টকর হয় : ৫

ये तु सर्वाणि कर्माणि मयि संन्यस्य मत्पराः ।
अनन्येनैव योगेन मां ध्यायन्त उपासते । ६ ।
तेषामहं समुद्धर्ता मृत्युसंसारसागरात् ।
भवामि नचिरात्पार्थ मय्यावेशितचेतसाम् । ७ ।
मय्येव मन आधस्त्व मयि बुद्धिं निवेशय ।
निवसिष्यसि मय्येव अत ऊर्ध्वं न संशयः । ८ ।

ভাবার্থ : যে ভক্তজন সমস্ত কর্ম আমাকে অর্পণ করে ভক্তিযোগ দ্বারা একমাত্র আমার ধ্যান করে, আমার প্রতি নিষ্ঠা রাখে, তাকে আমি এই সংসারের সাগর থেকে শীঘ্র তুলে ধরার চেষ্টা করি, অর্থাৎ তাকে জন্ম-মরণের বন্ধন থেকে মুক্তি প্রদান করি। সুতরাং, তুই আমাতে মন ও বুদ্ধি স্থির কর। এমনটা করলে তুই নিঃসন্দেহে আমার মধ্যে বাস করতে পারবি : ৬, ৭, ৮

अथ चित्तं समाधातुं न शक्नोषि मयि स्थिरम् ।
अभ्यासयोगेन ततो मामिच्छाप्तुं धनञ्जय । ९ ।

ভাবার্থ : হে ধনঞ্জয় অর্জুন, যদি আমার মধ্যে মন ও বুদ্ধি স্থির করতে অসমর্থ হোস তাহলে অভ্যাস যোগ দ্বারা আমাকে পাওয়ার চেষ্টা কর : ৯

अभ्यासेऽप्यसमर्थोऽसि मत्कर्मपरमो भव ।
मदर्थमपि कर्माणि कुर्वन्सिद्धिमवाप्स्यसि । १० ।

ভাবার্থ : যদি অভ্যাস করতে না পারিস তাহলে যে কর্মই করিস না কেনো তা আমাকে অর্পণ কর, তুই এর থেকেই সিদ্ধি লাভ করতে পারবি : ১০

अथैतदप्यशक्तोऽसि कर्तुं मद्योगमाश्रितः ।
सर्वकर्मफलत्यागं ततः कुरु यतात्मवान् । ११ ।

ভাবার্থ : যদি তুই এমন করতে অসমর্থ হোস তাহলে নিজের কর্মকে জয়করে সমস্ত কর্মের ফল ত্যাগ করে আমার আশ্রয় গ্রহণ কর : ১১

श्रेयो हि ज्ञानमभ्यासाज्ज्ञानाद्ध्यानं विशिष्यते ।
ध्यानात्कर्मफलत्यागस्त्यागाच्छान्तिरनन्तरम् । १२।

ভাবার্থ : অভ্যাসের থেকে জ্ঞান শ্রেষ্ঠ, জ্ঞানের থেকে ধ্যান হল শ্রেষ্ঠতর, কর্মফলের ত্যাগ করে শ্রেষ্ঠতম হ। কর্মফল ত্যাগ করতে পারলে অতি শীঘ্র শান্তি পাওয়া যায় : ২১

अद्वेष्टा सर्वभूतानां मैत्रः करुण एव च ।
निर्ममो निरहङ्कारः समदुःखसुखः क्षमी । १३ ।
सन्तुष्टः सततं योगी यतात्मा दृढनिश्चयः ।
मय्यर्पितमनोबुद्धिर्यो मद्भक्तः स मे प्रियः । १४ ।

ভাবার্থ : যে ব্যক্তি কোনো প্রাণীর ওপর দ্বেষ রাখে না, যে সমস্ত প্রাণীদের হিতৈষী, দয়ালু, যার মধ্যে স্বার্থবোধ নেই, অহংকার নেই, যার কাছে সুখ-দুঃখ সমান, যে ক্ষমাশীল, সর্বদা সন্তুষ্ট থাকে, যোগী অর্থাৎ স্থির চিত্ত যুক্ত, যে মনকে বশ করতে পারে, যার নিশ্চয়তা দৃঢ়, যে মন আর বুদ্ধিকে আমাকে সমর্পণ করে দিয়েছে, সে আমার ভক্ত, সেই আমার প্রিয় : ১৩, ১৪

यस्मान्नोद्विजते लोको लोकान्नोद्विजते च यः ।
हर्षामर्षभयोद्वेगैर्मुक्तो यः स च मे प्रियः । १५ ।

ভাবার্থ : যে কোনো জীবকে ব্যাকুল করে না, যে নিজেও কাউর কাজের জন্য ব্যাকুল হয় না, যে হর্ষ, ভয় এবং উত্তেজনা রহিত, সে আমার প্রিয় : ১৫

अनपेक्षः शुचिर्दक्ष उदासीनो गतव्यथः ।
सर्वारम्भपरित्यागी यो मद्भक्तः स मे प्रियः । १६।

ভাবার্থ : যার মনের মধ্যে কোনো চাহিদা থাকে না, যার বিচার পবিত্র, যে কার্যকুশল, যার মধ্যে পক্ষপাত নেই, যে দুঃখের সময়তেও দুঃখি হয় না, যে আমিত্ব বোধের অভিমান ত্যাগ করেছে, সেই ভক্ত আমার প্রিয় : ১৬

यो न हृष्यति न द्वेष्टि न शोचति न काङ्क्षति ।
शुभाशुभपरित्यागी भक्तिमान्यः स मे प्रियः । १७।

ভাবার্থ : যে প্রিয় বস্তু লাভ করেও প্রসন্ন হয় না, কাউর ওপর দ্বেষ রাখে না, ইষ্ট পদার্থ না পেলে যে শোক করে না, যার মধ্যে কোনো লালসা নেই, যে শুভ ও অশুভ দুই প্রকারের কর্মফলই ত্যাগ করে দিয়েছে, সেই ভক্তই আমার প্রিয় : ১৭

समः शत्रौ च मित्रे च तथा मानापमानयोः ।
शीतोष्णसुखदुःखेषु समः सङ्गविवर्जितः । १८ ।
तुल्यनिन्दास्तुतिर्मौनी सन्तुष्टो येन केनचित् ।
अनिकेतः स्थिरमतिर्भक्तिमान्मे प्रियो नरः । १९ ।

ভাবার্থ : যে শত্রু ও মিত্রদের প্রতি সমভাব বজায় রাখে, মান-অপমানে একই রকম অনুভব করে, যে ঠান্ডা-গরম অর্থাৎ অবসাদ এবং উত্তেজনায় এক সমান থাকে,

যার কাছে নিন্দা ও স্তুতি সমান, যার নিজের বাণীর ওপর নিয়ন্ত্রণ আছে, সে যা প্রাপ্ত করে, তাতেই সন্তুষ্ট থাকে, যার কোনো একটি বিশেষ স্থানের প্রতি আকর্ষণ নেই, সেই স্থির বুদ্ধি সম্পন্ন ভক্তই আমার প্রিয় : ১৮, ১৯

ये तु धर्म्यामृतमिदं यथोक्तं पर्युपासते ।
श्रद्दधाना मत्परमा भक्तास्तेऽतीव मे प्रियाः । २० ।

ভাবার্থ : যে আমার ওপর শ্রদ্ধা রাখে, আমার বলা অমৃততুল্য, ধর্মযুক্ত কথনের অনুসারে আমাকেই সর্বস্ব বলে মনে করে, সেই ভক্ত আমার অতি প্রিয় : ২০

इति श्रीमद्‌भगवद्‌गीतासूपनिषत्सु ब्रह्मविद्यायां योगशास्त्रे श्रीकृष्णार्जुनसंवादे भक्तियोगो नाम द्वादशोऽध्यायः ॥ १२ ॥

শ্রীমদ্‌ভগবদ্‌গীতা রূপী উপনিষদ্ এবং ব্রহ্মবিদ্যা তথা যোগশাস্ত্র বিষয়ক শ্রীকৃষ্ণ এবং অর্জুনের সংলাপের 'ভক্তিযোগ' নামক দ্বাদশ অধ্যায় সম্পূর্ণ হল।

• • •

ত্রয়োদশ অধ্যায়

ক্ষেত্র, ক্ষেত্রজ্ঞ, বিভাগ যোগ

শ্রী ভগবানের অমৃত কথা

इदं शरीरं कौन्तेय क्षेत्रमित्यभिधीयते ।
एतद्यो वेत्ति तं प्राहुः क्षेत्रज्ञ इति तद्विदः । १ ।

ভাবার্থ : ভগবান বলেন : হে কুন্তীপুত্র, এই শরীরকে ক্ষেত্র বলা হয়, যে এই ক্ষেত্র সম্পর্কে জানে তত্ত্বজ্ঞানীরা তাকে ক্ষেত্রজ্ঞ বলে : ১

क्षेत्रज्ञं चापि मां विद्धि सर्वक्षेत्रेषु भारत ।
क्षेत्रक्षेत्रज्ञयोज्ञा—नं यत्तज्ज्ञानं मतं मम । २ ।

ভাবার্থ : হে ভরতবংশীয়, তুই সমস্ত ক্ষেত্র অর্থাৎ সমস্ত শরীর সম্পর্কে অবগত ক্ষেত্রজ্ঞ হিসাবে আমাকে চিহ্ন কর। আমার মতে এই জানাই হল জ্ঞান : ২

तत्क्षेत्रं यच्च यादृक् च यद्विकारि यतश्च यत् ।
स च यो यत्प्रभावश्च तत्समासेन मे शृणु । ३ ।

ভাবার্থ : এই ক্ষেত্র কি? এতে কি কি পরিবর্তন হয়? কিভাবে এই ক্ষেত্র উৎপন্ন হয়, যে কারণে উৎপন্ন হয়, তার প্রভাব কি, এই সব সংক্ষেপে আমার কাছে শোনো : ৩

ऋषिभिर्बहुधा गीतं छन्दोभिर्विविधैः पृथक् ।
ब्रह्मसूत्रपदैश्चैव हेतुमद्भिर्विनिश्चितैः । ४ ।

ভাবার্থ : এই জ্ঞান ঋষিগণ বেধিক ছন্দের দ্বারা গেয়েছিল, ব্রহ্মসূত্রের পদে বলা হয়েছিল। অন্য অনেক বিধির থেকে নিষ্কর্ষ প্রাপ্ত হয়েছে : ৪

महाभूतान्यहङ्कारो बुद्धिरव्यक्तमेव च ।
इन्द्रियाणि दशैकं च पञ्च चेन्द्रियगोचराः । ५ ।
इच्छा द्वेषः सुखं दुःखं संघातश्चेतना धृतिः ।
एतत्क्षेत्रं समासेन सविकारमुदाहृतम् । ६ ।

ভাবার্থ : পাঁচ মহাভূত, অহংকার, বুদ্ধি, তিন গুণের সাথে যুক্ত মূল প্রকৃতি, দশ ইন্দ্রিয়, এক মন তথা ইন্দ্রিয়ের পাঁচ বিষয়, ইচ্ছা, দ্বেষ, সুখ দুঃখ, স্থূল দেহ, চেতনা এবং ধৈর্য্য, এই সমস্ত কিছুর যোগফলের নাম ক্ষেত্র। এই ক্ষেত্রে রূপান্তরণ হোতে থাকে : ৫,৬

अमानित्वमदम्भित्वमहिंसा शान्तिरार्जवम् ।
आचार्योपासनं शौचं स्थैर्यमात्मविनिग्रहः । ७ ।
इन्द्रियार्थेषु वैराग्यमनहङ्कार एव च ।
जन्ममृत्युजराव्याधिदु:खदोषानुदर्शनम् । ८ ।
असक्तिरनभिष्वंगः पुत्रदारगृहादिषु ।
नित्यं च समचित्तत्वमिष्टानिष्टोपपत्तिषु । ९ ।
मयि चानन्ययोगेन भक्तिरव्यभिचारिणी ।
विविक्तदेशसेवित्वमरतिर्जनसंसदि । १० ।
अध्यात्मज्ञाननित्यत्वं तत्त्वज्ञानार्थदर्शनम् ।
एतज्ज्ञानमिति प्रोक्तमज्ञानं यदतोऽन्यथा । ११ ।

ভাবার্থ : সম্মানের থেকে দূরে থাকা, ছলনা না করা, অহিংসা, ক্ষমা ভাব, সরলতা, গুরুর সেবা, তন-মনের শুদ্ধতা, মনের স্থিরতা, আত্মসংযম : ৭

ইন্দ্রিয়ের বিষয়ে বিরক্তি, অহংকার না করা, জন্ম, মৃত্যু, বার্ধক্য, রাগ এবং দুঃখের কর্ম গুলিকে দোষ বলে মনে করা : ৮

সন্তান তথা স্ত্রীর প্রতি আসক্তি এবং মমতা না থাকা, প্রিয়-অপ্রিয় স্থিতিতে অন্তঃকরণ একই রকম থাকা : ৯

আমার প্রতি অনন্য ভক্তি রাখতে যে বিচলিত হয় না, একান্তকে পছন্দ করা এবং জন-সমূহের প্রতি অরুচি : ১০

আত্মা-পরমাত্মার প্রতি মগ্ন থাকা, তত্ত্ব জ্ঞান অর্থাৎ আত্মা-পরমাত্মার যথার্থকে বোঝার চেষ্টা করা, এইসবই জ্ঞান, এর বাইরে যা কিছু আছে তা অজ্ঞান : ১১

ज्ञेयं यत्तत्प्रवक्ष्यामि यज्ज्ञात्वाऽमृतमश्नुते ।
अनादिमत्परं ब्रह्म न सत्तन्नासदुच्यते । १२ ।

ভাবার্থ : যে জানার যোগ্য আর যাকে জেনে অমরত্ব লাভ করা যায় আর যে অনাদি, যে না সৎ, যে না অসৎ, সেই ব্রহ্মের বিষয়ে আমি তোকে বলব : ১২

सर्वतः पाणिपादं तत्सर्वतोऽक्षिशिरोमुखम् ज्ञ
सर्वतः श्रुतिमल्लोके सर्वमावृत्य तिष्ठति । १३ ।

ভাবার্থ : সকল দিকে তার হাত-পা আছে। সমস্ত দিকে তার নেত্র, মাথা এবং মুখ আছে। সকল দিকে তার কান আছে। তার দ্বারা সমস্ত সংসার আবৃত : ১৩

सर्वेन्द्रियगुणाभासं सर्वेन्द्रियविवर्जितम् ।
असक्तं सर्वभृच्चैव निर्गुणं गुणभोक्तृ च । १४ ।

ভাবার্থ : সে ইন্দ্রিয়ের বিষয় গুলিকে জানে কিন্তু নিজে ইন্দ্রিয় রহিত। সে এর ভরণ-পোষণ করে কিন্তু কাউর সাথে লিপ্ত থাকে না। সে প্রকৃতির তিন গুণের রহিত কিন্তু সে এই গুণ গুলি ভোগ করে থাকে : ১৪

बहिरन्तश्च भूतानामचरं चरमेव च ।
सूक्ष्मत्वात्तदविज्ञेयं दूरस्थं चान्तिके च तत् । १५ ।

ভাবার্থ : এই ব্রহ্ম সমস্ত জড়-চেতন পদার্থের এবং প্রাণিদের বাইরেও আছে আবার ভেতরেও আছে। অতি সূক্ষ্ম হওয়ার জন্য তাকে ঠিক ভাবে জানা যায় না। তা দূরেও থাকে, কাছেও থাকে : ১৫

अविभक्तं न भूतेषु विभक्तमिव च स्थितम् ।
भूतभर्तृ च यज्ज्ञेयं ग्रसिष्णु प्रभविष्णु च । १६ ।

ভাবার্থ : বাস্তবে ব্রহ্ম অবিভাজিত নয় কিন্তু পঞ্চভূত দ্বারা গঠিত সমস্ত প্রাণির মধ্যে বিভাজিত হয়ে প্রতীত হয়। সমস্ত প্রাণিদের পালন কর্তা সে, সেই সংহারও করে থাকে আর তা উৎপন্নও সেই করে : ১৬

ज्योतिषामपि तज्ज्योतिस्तमसः परमुच्यते ।
ज्ञानं ज्ञेयं ज्ञानगम्यं हृदि सर्वस्याधिष्ठितम् । १७ ।

ভাবার্থ : ব্রহ্মের জন্যই সমস্ত প্রকাশবান পিন্ড প্রকাশিত। অন্ধকারের সাথে তার কোনো সম্পর্ক নেই। ব্রহ্মই জ্ঞান, তাই জানার যোগ্য, তাই জ্ঞান দ্বারা পাওয়ার যোগ্য, তাই সকলের হৃদয়ে স্থিত : ১৭

इति क्षेत्रं तथा ज्ञानं ज्ञेयं चोक्तं समासतः ।
मद्भक्तः एतद्विज्ञाय मद्भावायोपपद्यते । १८ ।

ভাবার্থ : এই ভাবে আমি তোকে ক্ষেত্র, জ্ঞান এবং জ্ঞেয়ের বিষয়ে সংক্ষেপে জানিয়েছি। তা জেনে আমার ভক্ত আমার স্বরূপকে প্রাপ্ত করে : ১৮

प्रकृतिं पुरुषं चैव विद्ध्यनादी उभावपि ।
विकारांश्च गुणांश्चैव विद्धि प्रकृतिसंभवान् । १९ ।

ভাবার্থ : এই বিষয়টা তুই বুঝে নে যে, প্রকৃতি আর পুরুষ, এই দুইই অনাদি; তুই এটাও জেনে নে যে বিকার অর্থাৎ পরিবর্তন প্রকৃতির গুণের কারণেই উৎপন্ন হয় : ১৯

कार्यकरणकर्तृत्वे हेतुः प्रकृतिरुच्यते ।
पुरुषः सुखदुःखानां भोक्तृत्वे हेतुरच्यते । २० ।

ভাবার্থ : প্রকৃতির কাজ হল পঞ্চ ভূত দ্বারা গঠিত শরীরের উৎপন্ন করা। জ্ঞানেন্দ্রিয়, কর্মেন্দ্রিয়, মন, বুদ্ধি এবং অহংকার, এই কার্য গুলি সম্পন্ন করাই প্রকৃতির সাধন। এই সাধন গুলিকে করণ বলে। পুরুষ অর্থাৎ চেতন তত্ত্ব সুখ-দুঃখের অনুভব করে থাকে : ২০

पुरुषः प्रकृतिस्थो हि भुङ्क्ते प्रकृतिजान्-गुणान् ।
कारणं गुणसङ्गोऽस्य सरसद्योनिजन्मसु । २१ ।

ভাবার্থ : প্রকৃতিতে টিকে থাকা পুরুষ প্রকৃতির তিন গুণ ভোগ করে থাকে। এই গুণে আসক্তির জন্য সে উত্তম বা অধম যোনিতে জন্ম গ্রহণ করে : ২১

उपद्रष्टाऽनुमन्ता च भर्ता भोक्ता महेश्वरः ।
परमात्मेति चाप्युक्तो देहेऽस्मिन्पुरुषः परः । २२ ।

ভাবার্থ : দেহের মধ্যে আবস্থিত আত্মা রূপী এই চেতন তত্ত্ব হল পরমাত্মা। অনাসক্ত হওয়ার জন্য তাকে সাক্ষী বলা হয়, ঠিক ভাবে সম্মতি দেওয়ার জন্য তাকে অনুমন্তা বলা হয়, পোষণ করে বলে তাকে ভর্তা বলা হয়, পাপ-পুণ্যের ফল ভোগ করার জন্য তাকে ভোক্তা বলে, নিজেকে দেহ বা প্রকৃতির থেকে আলাদা বলে মনে করলে তাকে সর্বোপরি মহেশ্বর এবং পরমাত্মা বলা হয় : ২২

य एवं वेत्ति पुरुषं प्रकृतिं च गुणैः सह ।
सर्वथा वर्तमानोऽपि न स भूयोऽभिजायते । २३ ।

ভাবার্থ : যে ব্যক্তি তিন গুণের সাথে যুক্ত প্রকৃতি এবং পুরুষের বাস্তবিকতা জেনে সমস্ত কার্য-ব্যবহার করে, সে পুনরায় জন্ম গ্রহণ করে : ২৩

ध्यानेनात्मनि पश्यन्ति केचिदात्मानमात्मना ।
अन्ये सांख्येन योगेन कर्मयोगेन चापरे । २४ ।

ভাবার্থ : কিছু লোক নিজের ভেতরের আত্মাকে ধ্যান যোগ দ্বারা দেখে, কেউ দেখে সাংখ্যযোগ দ্বারা আর কেউ তা দেখে কর্মযোগ দ্বারা : ২৪

अन्ये त्वेवमजानन्तः श्रुत्वान्येभ्य उपासते ।
तेऽपि चातितरन्त्येव मृत्युं श्रुतिपरायणाः । २५ ।

ভাবার্থ : যে লোকেরা আত্মা-পরমাত্মার বিষয়ে স্বয়ং জ্ঞান প্রাপ্ত করতে পারে না তারা অন্য জ্ঞানী ব্যক্তিদের থেকে সেই বিষয়ে শুনে উপাসনা করে জন্ম-মরণের বন্ধন থেকে মুক্ত হোতে পারে : ২৫

यावत्संजायते किञ्चित्-सत्त्वं स्थावरजङ्गमम् ।
क्षेत्रक्षेत्रज्ञसंयोगात् तद्विद्धि भरतर्षभ । २६ ।

ভাবার্থ : হে ভরতবংশীয় অর্জুন, স্থির জীব এবং চলতে-ফিরতে পারা সমস্ত জীব ক্ষেত্র আর ক্ষেত্রজ্ঞের সংযোগে উৎপন্ন হয় : ২৬

समं सर्वेषु भूतेषु तिष्ठन्तं परमेश्वरम् ।
विनश्यत्स्वविनश्यन्तं यः पश्यति स पश्यति । २७।

ভাবার্থ : যে ব্যক্তি এটা মানে যে, সমস্ত পঞ্চভূত দ্বারা গঠিত ধ্বংস প্রাপ্ত প্রাণিদের মধ্যে পরমেশ্বরের নিবাস আর যে এটাও মেনে নেয় যে, এই প্রাণী ধ্বংস হলেও পরমেশ্বর ধ্বংস হয় না। বাস্তবে সেই জ্ঞানী : ২৭

समं पश्यन् हि सर्वत्र समवस्थितमीश्वरम् ।
न हिनस्त्यात्मनात्मानं ततो याति परां गतिम् । २८ ।

ভাবার্থ : যে ব্যক্তি সমস্ত প্রাণিদের মধ্যে ঈশ্বরের অবস্থান লক্ষ্য করে সকলকে কেই নজরে দেখে সে কখনই নিজে নিজেকে নষ্ট করে না। সে মোক্ষ রূপী পরমগতি লাভ করে : ২৮

प्रकृत्यैव च कर्माणि क्रियमाणानि सर्वशः ।
यः पश्यति तथात्मानकर्तारं स पश्यति । २९ ।

ভাবার্থ : যে এটা মনে করে যে, শরীরের সমস্ত কার্য প্রকৃতি দ্বারা করা হয়, সেই কর্মের কর্তা আত্মা নয়, সে ঠিক বোঝে : ২৯

यदा भूतपृथग्भावमेकस्थमनुपश्यति ।
तत एव च विस्तारं ब्रह्म संपद्यते तदा । ३० ।

ভাবার্থ : যে সময়ে ব্যক্তি এটা বুঝে নেয় যে, সমস্ত পঞ্চভূতে গঠিত প্রাণী একটাই পরমাত্মাতে স্থিত, আর সেই পরমাত্মার থেকেই সমস্ত পঞ্চভূত দ্বারা গঠিত প্রাণীদের বিস্তার ঘটছে সেই সময়ে ব্যক্তি ব্রহ্ম স্বরূপ হয়ে যায় : ৩০

अनादित्वान्निर्गुणत्वात्परमात्मायमव्ययः ।
शरीरस्थोऽपि कौन्तेय न करोति न लिप्यते । ३१ ।

ভাবার্থ : হে কুন্তীপুত্র, শরীরের মধ্যে অবস্থিত পরমাত্মা অনাদি, অবিনশ্বর। তা সতোগুণ, রজোগুণ, তমোগুণের থেকে আলাদা। তাই না সে কর্ম করে, আর না কর্মে লিপ্ত হয় : ৩১

यथा सर्वगतं सौक्ष्म्यादाकाशं नोपलिप्यते ।
सर्वत्रावस्थितो देहे तथात्मा नोपलिप्यते । ३२ ।

ভাবার্থ : যে রকমে সর্বব্যাপী আকাশ সূক্ষ্ম হওয়ার জন্য কোনো প্রভাবে লিপ্ত হয় না, সেই রকম শরীরে স্থিত আত্মা প্রকৃতির গুণের সাথে লিপ্ত হয় না : ৩২

यथा प्रकाशयत्येकः कृत्स्नं लोकमिमं रविः ।
क्षेत्रं क्षेत्री तथा कृत्स्नं प्रकाशयति भारत । ३३ ।

ভাবার্থ : হে অর্জুন, একা সূর্য যেমন সারা সংসারকে প্রকাশিত করে, তেমনি ক্ষেত্রের স্বামী আত্মা সম্পূর্ণ ক্ষেত্রকে প্রকাশিত করে : ৩৩

क्षेत्रक्षेत्रज्ञयोरेवमन्तरं ज्ञानचक्षुषा ।
भूतप्रकृतिमोक्षं च ये विदुर्यान्ति ते परम् । ३४ ।

ভাবার্থ : এই ভাবে যে ব্যক্তি জ্ঞান দ্বারা ক্ষেত্র এবং ক্ষেত্রজ্ঞের অন্তর বুঝে নিতে পারে, সে প্রকৃতির থেকে মুক্ত হওয়ার উপায় জেনে নেয়। এটা জানতেই সে পরম পদ মোক্ষ প্রাপ্ত করে : ৩৪

इति श्रीमद्भगवद्गीतासूपनिषत्सु ब्रह्मविद्यायां योगशास्त्रे श्रीकृष्णार्जुनसंवादे क्षेत्रक्षेत्रज्ञविभागयोगो नाम त्रयोशोऽध्यायः ॥ १३॥

শ্রীমদ্ভগবদ্গীতা রূপী উপনিষদ্ এবং ব্রহ্মবিদ্যা তথা যোগশাস্ত্র বিষয়ক শ্রীকৃষ্ণ এবং অর্জুনের সংলাপের 'ক্ষেত্র ক্ষেত্রজ্ঞ বিভাগ যোগ' নামক ত্রয়োদশ অধ্যায় সম্পূর্ণ হল।

● ● ●

চতুর্দশ অধ্যায়

গুণত্রয় বিভাগ যোগ

শ্রী ভগবানের অমৃত কথা

परं भूयः प्रवक्ष्यामि ज्ञानानां ज्ञानमुत्तमम् ।
यज्ज्ञात्वा मुनयः सर्वे परां सिद्धिमितो गताफ। १ ।

ভাবার্থ : ভগবান বলেন : আমি এই জ্ঞান সম্পর্কে পুনরায় তোকে বলছি , যা সমস্ত জ্ঞানের থেকে শ্রেষ্ঠ, যা জেনে সমস্ত মুনিরা দেহ-বন্ধনের থেকে মুক্ত হয়ে মোক্ষ রূপী পরম সিদ্ধি পর্যন্ত পৌঁছাতে পেরেছে : ১

इदं ज्ञानमुपाश्रित्य मम साधर्म्यमागताः ।
सर्गेऽपि नोपजायन्ते प्रलये न व्यथन्ति च । २ ।

ভাবার্থ : এই জ্ঞান ধারণ করে যে জন আমার মধ্যে লীন হয়ে গেছে, সে সৃষ্টিকালে উৎপন্ন হয় না, প্রলয়কালে ব্যাকুলও হয় না : ২

मम योनिर्महद्ब्रह्म तस्मिन् गर्भं दधाम्यहम् ।
संभवः सर्वभूतानां ततो भवति भारत । ३ ।

ভাবার্থ : হে ভরতবংশীয় অর্জুন, এই বিশাল ব্রহ্মের প্রকৃতি অংশ আমার সামনে গর্ভাধানের স্থান। এতে আমি চেতনার বীজ স্থাপিত করি। এর থেকে জড়-চেতনাদির উৎপন্ন হয় : ৩

सर्वयोनिषु कौन्तेय मूर्तयः संभवन्ति याः ।
तासां ब्रह्म महद्योनिरहं बीजप्रदः पिता । ४ ।

ভাবার্থ : হে কুন্তীপুত্র, জীবেদের যত রূপ, আকার, প্রকার আছে, সেই সব উৎপাদনকারী যোনি-স্থল বিশাল ব্রহ্মের প্রকৃতি ভাগ, আমি এই ব্রহ্মের চেতন অংশ এই প্রকৃতিতে বীজ প্রদানকারী পিতা : ৪

सत्त्वं रजस्तम् इति गुणाः प्रकृतिसंभवाः ।
निबध्नन्ति महाबाहो देहे देहिनमव्ययम् । ५ ।

ভাবার্থ : হে মহান ভুজাধারী অর্জুন, প্রকৃতির এই তিনগুণ, সতোগুণ, রজোগুণ এবং তমোগুণ এবং অবিনশ্বর আত্মাকে দেহের সাথে বেধে রাখে : ৫

तत्र सत्त्वं निर्मलत्वात्प्रकाशकमनामयम् ।
सुखसङ्गेन बध्नाति ज्ञानसङ्गेन चानघ । ६ ।

ভাবার্থ : হে নিষ্পাপ অর্জুন, সতোগুণ নির্মল হওয়ার জন্য প্রকাশ প্রদানকারী এবং স্বাস্থ্যকর হয়। এই গুণ আত্মাকে সুখ আর জ্ঞানের আসক্তিতে বেঁধে দেয় : ৬

रजो रागात्मकं विद्धि तृष्णासंगसमुद्भवम् ।
तन्निबध्नाति कौन्तेय कर्मसंगेन देहिनम् । ७ ।

ভাবার্থ : হে কুন্তীপুত্র, রজোগুণ তৃষ্ণা, অনুরাগের আসক্তির থেকে উৎপন্ন হয়। এই গুণ আত্মাকে কর্মঠ করে এবং কর্মফলের সাথে বেঁধে দেয় : ৭

तमस्त्वज्ञानजं विद्धि मोहनं सर्वदेहिनाम् ।
प्रमादालस्यनिद्राभिस्तन्निबध्नाति भारत । ८ ।

ভাবার্থ : হে ভরতবংশীয় অর্জুন, এই তমোগুণ অজ্ঞানতার থেকে উৎপন্ন হয় এটি দেহধারীদের ভ্রমের মধ্যে ফেলে দেয় এবং আত্মাকে বেপরোয়া, অলসতা ও নিদ্রার কামনার মধ্যে বেঁধে দেয় : ৮

सत्त्वं सुखे संजयति रजः कर्मणि भारत ।
ज्ञानमावृतय तु तमः प्रमादे संजयत्युत । ९ ।

ভাবার্থ : হে ভরতবংশীয় অর্জুন, সতোগুণের দ্বারা সুখের প্রাপ্তি ঘটে, রজোগুণের দ্বারা কাজ করার প্রবৃত্তি হয়। তমোগুণ জ্ঞানকে আচ্ছাদিত করে অলসতা ও নিদ্রাকে পোশ্রয় দেয় : ৯

रजस्तमश्चाभिभूय सत्त्वं भवति भारत ।
रजः सत्त्वं तमश्चैव तमः सत्त्वं रजस्तथा । १० ।

ভাবার্থ : হে ভরতবংশীয় অর্জুন, রজোগুণ আর তমোগুণকে চেপে দিয়ে সতোগুণ প্রবল হয়ে ওঠে। সতোগুণ আর তমোগুণকে চেপে দিয়ে রজোগুণ প্রবল হয়। ঠিক তেমনি সতোগুণ আর রজোগুণকে চেপে দিয়ে তমোগুণ প্রবল হয় : ১০

सर्वद्वारेषु देहेऽस्मिन्प्रकाश उपजायते ।
ज्ञानं यदा तदा विद्याद्विवृद्धं सत्त्वमित्युत । ११ ।

ভাবার্থ : যে সময়ে শরীরের সমস্ত কর্মেন্দ্রিয় এবং জ্ঞানেন্দ্রিয় দ্বারা বিবেকপূর্ণ কার্য হয় তখন মনে করতে হবে যে সত্ত্বগুণের বৃদ্ধি হয়েছে : ১১

लोभः प्रवृत्तिरारम्भः कर्मणामशमः स्पृहा ।
रजस्येतानि जायन्ते विवृद्धे भरतवर्षभ । १२ ।

ভাবার্থ : হে ভরতবংশীয়দের মধ্যে শ্রেষ্ঠ অর্জুন, যখন রজোগুণের বৃদ্ধি ঘটে, তখন ক্রিয়াশীলতা, অশান্তি এবং সাংসারিক ভোগের প্রতি লালসা বৃদ্ধি পায় : ১২

अप्रकाशोऽप्रवृत्तिश्च प्रमादो मोह एव च ।
तमस्येतानि जायन्ते विवृद्धे कुरुनन्दन । १३ ।

ভাবার্থ : হে করুনন্দন অর্জুন, তমোগুণ বৃদ্ধি পেলে অজ্ঞানতার বৃদ্ধি পায়, ক্রিয়াশীলতা কমে যায়, আলস্য এবং মোহ উৎপন্ন হয় : ১৩

यदा सत्त्वे प्रवृद्धे तु प्रलयं याति देहभृत् ।
तदोत्तमविदां लोकानमलान्प्रतिपद्यते । १४ ।

ভাবার্থ : সতোগুণের উৎকর্ষকালে আত্মা দেহকে ত্যাগ করলে আত্মা সেই নির্মল লোকে পৌঁছে যায় যেখানে উত্তমকর্ম সম্পাদনকারীরা পৌঁছায় : ১৪

रजसि प्रलयं गत्वा कर्मसंगिषु जायते ।
तथा प्रलीनस्तमसि मूढयोनिषु जायते । १५ ।

ভাবার্থ : রজোগুণের প্রবলতার সময়ে শরীর ত্যাগ করলে আত্মা কর্মশীল লোকেদের ঘরে জন্ম গ্রহণ করে আর তমোগুণের আধিক্যের সময় দেহ ত্যাগকারী মূর্খ যোনিতে জন্ম গ্রহণ করে : ১৫

कर्मणः सकृतस्याहुः सात्त्विकं निर्मलं फलम् ।
रजसस्तु फलं दुःखमज्ञानं तमसः फलम् । १६ ।

ভাবার্থ : সতোগুণের ফল নির্মলতা, রজোগুণের ফল দুঃখ আর তমোগুণের ফল অজ্ঞানতা : ১৬

सत्त्वात्संजायते ज्ञानं रजसो लोभ एव च ।
प्रमादमोहौ तमसो भवतोऽज्ञानमेव च । १७ ।

ভাবার্থ : সতোগুণের থেকে জ্ঞান উৎপন্ন হয়, রজোগুণের থেকে লোভ উৎপন্ন হয় আর তমোগুণের থেকে অলসতা মোহ এবং অজ্ঞানতা উৎপন্ন হয় : ১৭

ऊर्ध्वं गच्छन्ति सत्त्वस्था मध्ये तिष्ठन्ति राजसाः ।
जघन्यगुणवृत्तिस्था अधो गच्छन्ति तामसाः । १८ ।

ভাবার্থ : সতোগুণী উত্তম গতি লাভ করে, রজোগুণী মধ্যমগতি প্রাপ্ত করে আর তমোগুণী নিন্দনীয় কর্মের জন্য অধোগতি লাভ করে : ১৮

नान्यं गुणेभ्य: कर्तारं यदा द्रष्टानुपश्यति ।
गुणेभ्यश्च परं वेत्ति मद्भावं सोऽधिगच्छति । १९ ।

ভাবার্থ : যখন আত্মা এটা বুঝে নেয় যে সত্ব, রজ এবং তম, প্রকৃতির এই তিনগুণ কর্মের কর্তা হয়, তখন আমি মাত্র এই কর্মের দর্শক, তখন আত্মা আমার স্বরূপকে প্রাপ্ত করে : ১৯

गुणानेतानतीत्य त्रीन्देही देहसमुद्भवान् ।
जन्ममृत्युजरादु:खैर्विमुक्तोऽमृतमश्नुते । २० ।

ভাবার্থ : দেহের মধ্যে সংগঠিত এই তিন গুণের প্রভাব যে ব্যক্তি বুঝতে পারে, সে এই তিনগুণকে লঙ্ঘন করতে পারে। এমন ব্যক্তি জন্ম, মৃত্যু, বৃদ্ধাবস্থা এবং দুঃখের থেকে মুক্ত হয়ে মোক্ষ লাভ করে : ২০

অর্জুনের বক্তব্য

कैर्लिङ्गैस्त्रीन्-गुणानेतानतीतो भवति प्रभो ।
किमाचार: कथं चैतांस्त्रीन्-गुणानति वर्तते । २१ ।

ভাবার্থ : অর্জুন বলেন, হে প্রভু, এই তিন গুণের থেকে মুক্ত ব্যক্তির লক্ষণ কি হয়? এই ব্যক্তির আচরণ কেমন হয় আর এই তিন গুণের থেকে মুক্ত হওয়ার উপায় কি : ২১

শ্রী ভগবানের অমৃত কথা

प्रकाशं च प्रवृत्तिं च मोहमेव च पांडव ।
न द्वेष्टि संप्रवृत्तानि न निवृत्तानि कांक्षति । २२ ।

ভাবার্থ : ভগবান বলেন : হে পান্ডুপুত্র, যে ব্যক্তি সতোগুণের ফল স্বরূপ জ্ঞানকে , রজোগুণের পরিণামস্বরূপ ক্রিয়াশীলতাকে তথা তমোগুণের পরিণাম স্বরূপ অলসতা প্রাপ্ত করে, যে দুঃখ পায় না, বা যার কোনো আকাঙ্খা থাকে না, সে তিন গুণের থেকে মুক্ত হয় : ২২

उदासीनवदासीनो गुणैर्यो न विचाल्यते ।
गुणा वर्तन्त इत्येव योऽवतिष्ठति नेङ्गते । २३ ।

ভাবার্থ : প্রকৃতির গুণ দেহের স্তর পর্যন্ত নিজের কার্য করে, যে ব্যক্তি তা স্বীকার করে নিয়ে তটস্থ হয়ে থাকে, নিজের অন্তঃকরণকে বিচলিত করে না, সেই ব্যক্তি তিন গুণের থেকে মুক্ত : ২৩

समदु:खसुख: स्वस्थ: समलोष्टाश्मकाञ्चन: ।
तुल्यप्रियाप्रियो धीरस्तुल्यनिन्दात्मसंस्तुति: । २४ ।

ভাবার্থ : যে ব্যক্তি সুখ-দুঃখে একই রকম থাকে, মাটি, পাথর ও সোনাকে একই রকম মহত্ত্ব দেয় , যে প্রিয় এবং অপ্রিয় স্থিতিতে এক সমান থাকে, যে নিন্দা ও প্রশংসাকে একই রকম ভাবে গ্রহণ করতে পারে সেই ধীর ব্যক্তি তিনগুণের থেকে মুক্ত : ২৪

मानापमानयोस्तुल्यस्तुल्यो मित्रारिपक्षयो: ।
सर्वारम्भपरित्यागी गुणातीत: स उच्यते । २५ ।

ভাবার্থ : যে ব্যক্তি মান-অপমানে একই রকম ভাবে থেকে, যার জন্য শত্রু ও মিত্র এক সমান,যে কর্মফলের ইচ্ছা ত্যাগ করে, সেই ব্যক্তি তিনগুণের থেকে মুক্ত থাকে : ২৫

मां च योऽव्यभिचारेण भक्तियोगेन सेवते ।
स गुणान्समतीत्यैतान् ब्रह्मभूयाय कल्पते । २६ ।

ভাবার্থ : যে ব্যক্তি ভক্তিযোগ দ্বারা পূর্ণ নিষ্ঠায় আমার আরাধনা করে, সে তিনগুণের থেকে মুক্ত হয়ে ব্রহ্মে লীন হয়ে যাওয়ার যোগ্য হয়ে যায় : ২৬

ब्रह्मणो हि प्रतिष्ठाहममृतस्याव्ययस्य च ।
शाश्वतस्य च धर्मस्य सुखस्यैकान्तिकस्य च । २७ ।

ভাবার্থ : কারণ অবিনশ্বর ব্রহ্মের, অমরত্বের, শাশ্বত ধর্মের পরম আনন্দের আশ্রয় স্থল হলাম আমি : ২৭

इति श्रीमद्भगवद्गीतासूपनिषत्सु ब्रह्मविद्यायां योगशास्त्रे
श्रीकृष्णार्जुनसंवादे गुणत्रयविभागयोगो नाम चतुर्दशोऽध्याय: ।। १४।।

শ্রীমদ্ভগবদ্গীতা রূপী উপনিষদ্ এবং ব্রহ্মবিদ্যা তথা যোগশাস্ত্র বিষয়ক শ্রীকৃষ্ণ এবং অর্জুনের সংলাপের ' গুণত্রয় বিভাগ যোগ' নামক চতুর্দশ অধ্যায় সম্পূর্ণ হল।

• • •

পঞ্চদশ অধ্যায়

পুরুষোত্তম যোগ

শ্রী ভগবানের অমৃত কথা

ऊर्ध्वमूलमध:शाखमश्वत्थं प्राहुरव्ययम् ।
छन्दांसि यस्य पर्णानि यस्तं वेद स वेदवित् । १ ।

ভাবার্থ : ভগবান বলেন : এই সংসার এমন অশ্বত্থ গাছের মতো যার শিকড় থাকে ওপরে আর শাখা থাকে নিচে। এই বৃক্ষকে অবিনশ্বর বলা হয়। বেদ হল এই বৃক্ষের পাতা। যে এই যথার্থতাকে জানে, সেই বেদের তাৎপর্য বুঝতে পারে : ১

अधश्चोर्ध्वं प्रसृतास्तस्य शाखा गुणप्रवृद्धा विषयप्रवाला: ।
अधश्च मूलान्यनुसंतप्तानि कर्मानुबन्धीनि मनुष्यलोके । २ ।

ভাবার্থ : এই বৃক্ষের শাখা ওপর নিচে ছড়িয়ে আছে। এই শাখা গুলি সতোগুণ, রজোগুণ এবং তমোগুণ দ্বারা পুষ্ট। ইন্দ্রিয়ের পাঁচটি বিষয় এই শাখা গুলির মুকুল। এই শাখা গুলি ওপর নিচে ছরিয়ে থাকার জন্য মনুষ্যলোকে কৃত কর্মের বন্ধন তা : ২

न रूपमस्येह तथोपलभ्यते नान्तो न चादिर्न च संप्रतिष्ठा ।
अश्वत्थमेनं सुविरूढमूल-मसङ्गशस्त्रेण दृढेन छित्त्वा । ३ ।
तत: पदं तत्परिमागितव्यं यस्मिन् गतान्ग न निवर्तन्ति भूय: ।
तमेव चाद्यं पुरुषं प्रपद्ये यत: प्रवृत्ति प्रसृता पुराणी । ४ ।

ভাবার্থ : সংসার রূপী যে বৃক্ষের যেমন বর্ণনা করা হয়েছে, এমন রূপের কোনো বৃক্ষ পাওয়া যায় না, কারণ তার কোনো আদি বা অন্ত দেখা যায় না, তার কোনো আধারও চোখে পড়ে না। দৃঢ় মূল যুক্ত এই বৃক্ষকে অনাসক্তি রূপী অস্ত্র দ্বারা কেটে এই স্থানের সন্ধান করা উচিত, যেখানে পৌঁছে আর ফিরতে হয় না। সন্ধান করার সময় মনে এই সংকল্প করা উচিত যে, আমি আদি পুরুষ পরমাত্মার শরণে যাচ্ছি : ৩, ৪

निर्मानमोहा: जितसङ्गदोषा अध्यात्मनित्या: विनिर्वृतकामा: ।
द्वन्द्वैविमुक्ता: सुखदु:खसंज्ञै-र्गच्छान्त्यमूढा: पदमव्ययं तत् । ५ ।

ভাবার্থ : যে অহংকার ও মোহের ত্যাগ করে দিয়েছে, যে প্রিয় জনের প্রতি আসক্তিকে দোষ বলে মনে করে, যে আধ্যাত্ম জ্ঞানে সর্বদা স্থির, যার কামনা পূর্ণ রূপে শান্ত হয়ে যায়, যে সুখ-দুঃখের মতো ভাবনার থেকে মুক্ত, এমন জ্ঞানী লোকেরা এই অবিনশ্বর পরম পদের প্রাপ্ত করে থাকে : ৫

न तद्भासयते सूर्यो न शशाङ्को न पावक: ।
यद्गत्वा न निवर्तन्ते तद्धाम परमं मम । ६ ।

ভাবার্থ : আমার পরম ধর্ম স্বয়ং প্রকাশিত। সূর্য, চন্দ্র বা অগ্নির প্রকাশের সেখানে কোনো প্রয়োজন হয় না। সেখানে পৌঁছে আত্মা পুনরায় জন্ম-মরণের বন্ধনে আবদ্ধ হয় না : ৬

ममैवांशो जीवलोके जीवभूत: सनातन: ।
मन:षष्ठानीन्द्रियाणि प्रकृतिस्थानि कर्षति । ७ ।

ভাবার্থ : শরীর রূপী লোকে এই জীবাত্মা আমার সনাতন অংশ। এটি ত্রিগুণময়ী প্রকৃতিতে স্থির হয়ে পঞ্চ ইন্দ্রিয় তথা মনকে আকৃষ্ট করে : ৭

शरीरं यदवाप्नोति यच्चाप्युत्क्रामतीश्वर: ।
गृहीत्वैतानि: संयाति वायुर्गन्धानिवाशयात् । ८ ।

ভাবার্থ : যে বায়ু একস্থান থেকে গন্ধ নিয়ে দ্বিতীয় স্থানে যায়, তেমনি দেহের স্বামী জীবাত্মা যে শরীরকে ত্যাগ করে, সেই শরীর থেকে মন তথা পঞ্চ ইন্দ্রিয়কে নিয়ে দ্বিতীয় শরীর প্রাপ্ত করে : ৮

श्रोत्रं चक्षुं स्पर्शनं च रसनं घ्राणमेव च ।
अधिष्ठाय मनश्चायं विषयानुपसेवते । ९ ।

ভাবার্থ : এই জীবাত্মা মনকে মাধ্যম করে কান, চোখ, ত্বক, জিহ্বা তথা নাসিকার সাহায্যে বিয়ের উপভোগ করে থাকে : ৯

उत्क्रामन्तं स्थितं वापि भुञ्जानं वा गुणान्वितम् ।
विमूढा नानुपश्यन्ति पश्यन्ति ज्ञानचक्षुष: । १० ।

ভাবার্থ : এই জীবাত্মা, শরীরকে কিভাবে ত্যাগ করে ? কিভাবে নতুন শরীরে স্থিত হয়। কিভাবে ইন্দ্রিয়ের বিষয় গুলিকে ভোগ করে? কিভাবে প্রকৃতির তিনগুণের সাথে সম্পর্ক স্থাপিত হয়? তা মূঢ়জনেরা দেখতে পায় না। এই সমস্ত প্রক্রিয়া জ্ঞান-চক্ষু দ্বারা দেখা যায়। অর্থাৎ জ্ঞানের দ্বারা বোঝা যেতে পারে : ১০

यतन्तो योगिनश्चैनं पश्यन्त्यात्मन्यवस्थितम् ।
यतन्तोऽप्यकृतात्मानो नैनं पश्यन्त्यचेतसः । ११ ।

ভাবার্থ : সাধনায় যত্নপূর্বক লীন হওয়া যোগী মানুষেরা নিজের শরীরে স্থিত আত্মার সাথে সাক্ষাৎকার করতে সক্ষম হয়। যার অন্তঃকরণ শুদ্ধ থাকে না, সেই অজ্ঞানীরা চেষ্টা করলেও আত্মাকে অনুভব করতে পারে না : ১১

यदादित्यगतं तेजो जगद्भासयतेऽखिलम् ।
यच्चन्द्रमसि यच्चाग्नौ तत्तेजो विद्धि मामकम् ।१२।

ভাবার্থ : যে সূর্য, চন্দ্রমা আর অগ্নি সম্পূর্ণ জগৎকে প্রকাশিত করতে পারে, আমার থেকেই তারা দিপ্তী লাভ করে, তা ভুলে যাস না : ১২

गामाविश्य च भूतानि धारयाम्यहमोजसा ।
पुष्णामि चौषधीः सर्वाः सोमो भूत्वा रसात्मकः । १३ ।

ভাবার্থ : পৃথিবীর মধ্যে ঢুকে সমস্ত ও চেতন বস্তুকে আমি নিজের বলে ধারণ করে রাখি। আমিই রসস্বরূপ চন্দ্রমার দ্বারা সমস্ত বনস্পতিদের পুষ্ট করে থাকি : ১৩

अहं वैश्वानरो भूत्वा प्राणिनां देहमाश्रितः ।
प्राणापानसमायुक्तः पचाम्यन्नं चतुर्विधम् । १४ ।

ভাবার্থ : আমিই প্রাণির শরীরে জঠরাগ্নি হয়ে প্রবিষ্ট হয়ে আছি। আমিই প্রাণ বায়ু ও প্রশ্বাসের বায়ুর মাধ্যেমে চার প্রকারের অন্ন পাচিত করি : ১৪

सर्वस्य चाहं हृदि संनिविष्टो मत्तः स्मृतिर्ज्ञानमपोहनं च ।
वेदैश्च सर्वैरहमेव वेद्यो वेदान्तकृद्वेदविदेव चाहम् । १५ ।

ভাবার্থ : আমিই সকলের হৃদয়ে অবস্থান করি। আমার উপস্থিতির জন্যই প্রাণিদের স্মৃতি ও জ্ঞান থাকে। আমার জন্যই প্রাণিদের মধ্যে তর্কশক্তি ও বিশ্লেষণ শক্তি থাকে। বেদ বিদ্যার সাহায্যে আমাকেই জানা হয়। আমিই বেদান্ত শাস্ত্রের নির্মাণ কর্তা। আমিই বেদের জ্ঞান আহরণ করি : ১৫

द्वाविमौ पुरुषौ लोके क्षरश्चाक्षर एव च ।
क्षरः सर्वाणि भूतानि कूटस्थोऽक्षर उच्यते । १६ ।

ভাবার্থ : সংসারে ধ্বংস প্রাপ্ত এবং অবিনশ্বর এই দুই পুরুষের বাস। তার মধ্যে প্রাণিদের শরীর ধ্বংস প্রাপ্ত, আর তার মধ্যে স্থিরতার সাথে স্থিত জীবাত্মা হল অবিনাশ্বর : ১৬

उत्तमः पुरुषस्त्वन्यः परमात्मेत्युदाहृतः ।
यो लोकत्रयमाविश्य बिभर्त्यव्यय ईश्वरः । १७ ।

ভাবার্থ : এই দুই পুরুষের থেকে সর্বোপরি আর এক পুরুষ আছে, যে তিন লোকে ব্যাপ্ত হয়ে সকলের ভরণ পোষণ করে। সেই হল অবিনাশ্বর পরমাত্মা : ১৭

यस्मात्क्षरमतीतोऽहमक्षरादपि चोत्तमः ।
अतोऽस्मि लोके वेदे च प्रथितः पुरुषोत्तमः । १८ ।

ভাবার্থ : আমি ধ্বংসপ্রাপ্ত জড় পদার্থের থেকে উত্তম আর অবিনাশ্বর আত্মার থেকেও উঁচু, তাই ত্রিলোকে আর বেদে আমাকে পুরুষোত্তম বলে আখ্যা দেওয়া হয়েছে : ১৮

यो मामेवमसंमूढो जानाति पुरुषोत्तमम् ।
स सर्वविद्भजति मां सर्वभावेन भारत । १९ ।

ভাবার্থ : হে ভরতবংশীয় অর্জুন, যে জ্ঞানী আমাকে পুরুষোত্তম বলে মনে করে, সে সব কিছু জানে আর আমাকে সমস্ত রকম বিধির দ্বারা ভজনা করে : ১৯

इति गुह्यतमं शास्त्रमिदमुक्तं मयानघ ।
एतद् बुद्ध्वा बुद्धिमान्स्यात्कृतकृत्यश्च भारत । २० ।

ভাবার্থ : হে নিষ্পাপ অর্জুন, এই অতি গোপনীয় শাস্ত্রের কথা আমি তোকে বললাম, এই বিষয়ে জেনে মানুষ জ্ঞানবান ও কৃতার্থ হয় : ২০

इति श्रीमद्भगवद्गीतासूपनिषत्सु ब्रह्मविद्यायां योगशास्त्रे श्रीकृष्णार्जुनसंवादे पुरुषोत्तमयोगो नाम पञ्चदशोऽध्यायः ॥ १५ ॥

শ্রীমদ্‌ভগবদ্‌গীতা রূপী উপনিষদ্ এবং ব্রহ্মবিদ্যা তথা যোগশাস্ত্র বিষয়ক শ্রীকৃষ্ণ এবং অর্জুনের সংলাপের ‘পুরুষোত্তম যোগ’ নামক পঞ্চদশ অধ্যায় সম্পূর্ণ হল।

●●●

ষোড়শ অধ্যায়

দৈবাসুর সম্পদ বিভাগ যোগ

শ্রী ভগবানের অমৃত কথা

अभयं त्त्वसंशुद्धिर्ज्ञानयोगव्यवस्थितिः ।
दानं दमश्च यज्ञश्च स्वाध्यायस्तप आर्जवम् । १ ।
अहिंसा सत्यमक्रोधस्त्यागः शान्तिरपैशुनम् ।
दया भूतेष्वलोलुप्त्वं मार्दवं ह्लीरचापलम् । २ ।
तेजः क्षमा धृतिः शौचमद्रोहो नातिमानिता ।
भवन्ति संपदं दैवीमभिजातस्य भारत । ३ ।

ভাবার্থ: নির্ভয়তা, অন্তঃকরণের শুদ্ধতা, জ্ঞান-প্রাপ্তির জন্য একাগ্রতা, দানবীরতা, ইন্দ্রিয়ের সংযম, যজ্ঞভাবনা, সদ্‌বিচারের পঠন তথা মনন, সদ্‌কার্যের জন্য কষ্ট সহ্য করার প্রবৃত্তি, কথা ও কাজের মধ্যে ভেদ না রাখা, অহিংসা, সত্য, ক্রোধ না করা, ত্যাগের মনোভাব, মানসিক শান্তি, নিন্দা না করার প্রবৃত্তি, সমস্ত প্রাণীদের জন্য দয়া ভাব, ইন্দ্রিয়লোলুপতার থেকে দূরে থাকা, ব্যবহারে কোমলতা, কুকর্ম করতে সংকোচ বোধ, চঞ্চলতার অভাব, তেজস্বিতা, ক্ষমাশীলতা, ধীরতা, পবিত্রতা, দ্বেষরহিত হওয়া তথা নিজের পূজ্যতার অহংকার না করা, হে ভরতবংশীয় অর্জুন, দৈবী সম্পদ যুক্ত ব্যক্তি এমন সদ্‌গুণ নিয়েই উৎপন্ন হয় : ১,২,৩,

दम्भो दर्पोऽभिमानश्च क्रोधः पारुष्यमेव च ।
अज्ञानं चाभिजातस्य पार्थ संपदमासुरीम् । ४ ।

ভাবার্থ: আসুরী স্বভাব নিয়ে উৎপন্ন ব্যক্তিদের মধ্যে এমন অবগুণ দেখা যায় : ভন্ডামি, উৎশৃঙ্খলতা, অহংকার, ক্রোধ, কঠোর বচনধারী এবং অজ্ঞানতা।

दैवी संपद्विमोक्षाय निबन्धायासुरी मता ।
मा शुचः संपदं दैवीमभिजातोऽसि पाण्डव । ५ ।

ভাবার্থ : দৈবী সম্পদ্ জন্ম-মরণের বন্ধন থেকে মুক্তি প্রদান করে আর অসুরী সম্পদ জন্ম-মরণের বন্ধনে আবদ্ধ করে, কিন্তু হে পাণ্ডুপুত্র, তুই নিশ্চিন্তে থাক, কারণ তুই দৈবী সম্পদ নিয়ে উৎপন্ন হয়েছিস : ৫

द्वौ भूतसर्गौ लोकेऽस्मिन्दैव आसुर एव च ।
दैवो विस्तरशः प्रोक्त आसुरं पार्थ मे श्रृणु । ६ ।

ভাবার্থ : হে পার্থ, এই সংসারে দৈবী আর অসুরী, দুই ভাব যুক্ত ব্যক্তি থাকে, তার মধ্যে দৈব্য স্বভাবের ব্যক্তি সম্পর্কে আমি বিস্তারিত ভাবে বলেছি, এবার আমার কাছে আসুরী স্বভাবের বিবরণ শোন : ৬

प्रवृत्तिं च निवृत्तिं च जना न विदुरासुराः ।
न शौचं नापि चाचारो न सत्यं तेषु विद्यते । ७ ।

ভাবার্থ : আসুরী স্বভাবের ব্যক্তিরা এটা জানে না যে তাদের কি করা উচিত, আর কি করা উচিত না সেটাও জানে না। তাদের মধ্যে পবিত্রতা বলে কিছু থাকে না, আর আচরণেও কোনো শুদ্ধতা থাকে না। তারা কখনও সত্যি কথা বলে না : ৭

असत्यमप्रतिष्ठं ते जगदाहुरनीश्वरम् ।
अपरस्परसंभूतं किमन्यत्कामहैतुकम् । ८ ।

ভাবার্থ : আসুরী স্বভাবের ব্যক্তি এই সংসারকে কোনো আধারহীন বলে মনে করে, তারা কোনো ঈশ্বরকে মানে না। তারা মনে করে যে স্ত্রী পুরুষের সংযোগের ফলেই সৃষ্টি হয়। কামনার পূরণকেই তারা সংসারের উদ্দেশ্য বলে মনে করে : ৮

एतां दृष्टिमवष्टभ्य नष्टात्मानोऽल्पबुद्धयः ।
प्रभवन्त्युग्रकर्माणः क्षयाय जगतोऽहिताः । ९ ।

ভাবার্থ : এই দৃষ্টিকোণের জন্য ব্যক্তি ভ্রষ্ট হয়ে যায়। তারা অল্পবুদ্ধি সম্পন্ন। তারা ক্রূরকর্মী। তারা সকলের অপকার করতে চায়। তারা জগতের নাশ করার জন্যই উৎপন্ন হয়েছে : ৯

काममाश्रित्य दुष्पूरं दम्भमानमदान्विताः ।
मोहाद्गृहीत्वासद्ग्राहान्प्रवर्तन्तेऽशुचिव्रताः । १० ।

ভাবার্থ : এরা ভন্ড হয় ও অহংকারের নেশায় মত্ত হয়ে থাকে। তাদের কামনা কখনও তৃপ্ত হয় না। তাদের আগ্রহ অজ্ঞানতার ওপর ভিত্তি করে থাকে। তাদের আচরণ হয় অপবিত্র : ১০

चिन्तामपरिमेयां च प्रलयान्तामुपाश्रिताः ।
कामोपभोगपरमा एतावदिति निश्चिताः । ११ ।

ভাবার্থ : তাদের চিন্তা হয় অসীম এবং তা মৃত্যু পর্যন্ত সমাপ্ত হয় না। তাদের কাছে ভোগ-বিলাসিতার জীবনই হল সর্বোচ্চ লক্ষ্য : ১১

आशापाशशतैर्बद्धाः कामक्रोधपरायणाः ।
ईहन्ते कामभोगार्थमन्यायेनार्थसञ्चयान् । १२ ।

ভাবার্থ : তারা আশার শত বন্ধনে আবদ্ধ থাকে। তারা কাম-ক্রোধ ডুবে থাকে। ভোগ-বিলাসের জন্য তারা অনৈতিক পথে অর্থ উপার্জনের চেষ্টা করে : ১২

इदमद्य मया लब्धमिमं प्राप्स्ये मनोरथम् ।
इदमस्तीदमपि मे भविष्यति पुनर्धनम् । १३ ।

ভাবার্থ : এই ধরনের লোকেরা মনে করে যে, আজ এটা পাওয়া হয়ে গেছে, এবার অন্য মনোকামনা পূরণ করতে হবে। আমার কাছে যত ধন আছে ভবিষ্যতে যেন তার দ্বিগুণ হয়ে যায় : ১৩

असौ मया हतः शत्रुर्हनिष्ये चापरानपि ।
ईश्वरोऽहमहं भोगी सिद्धोऽहं बलवान्सुखी । १४ ।

ভাবার্থ : তারা এক শত্রু বধ করার পর আর এক শত্রুকে বধ করার চেষ্টা করে, এমনই ইচ্ছা তাদের মনে থাকে। আমিই ঈশ্বর, আমিই ঐশ্বর্য ভোগ করি, আমি অলৌকিক শক্তির অধিকারী। আমি বলবান, আমি সুখী : ১৪

आढ्योऽभिजनवानस्मि कोऽन्योऽस्ति सदृशो मया।
यक्ष्ये दास्यामि मोदिष्य इत्यज्ञानविमोहिताः । १५ ।

ভাবার্থ : আমি ধনবান। আমার কুল উঁচু। আমার সামনে অন্য কেউ নেই। আমি যজ্ঞ করব, দান করব, প্রসন্ন থাকব। অসুরী স্বভাবের লোকেরা এমন অজ্ঞানতার দ্বারাই আচ্ছাদিত থাকে : ১৫

अनेकचित्तविभ्रान्ता मोहजालसमावृताः ।
प्रसक्ताः कामभोगेषु पतन्ति नरकेऽशुचौ । १६ ।

ভাবার্থ : এমন ধরনের বিচারে আবদ্ধ এই অজ্ঞানী ব্যক্তিরা মোহের জালে ফেঁসে থাকে আর বিষয়-ভোগের মধ্যে ডুবে থেকে অপবিত্র নরকে যায় : ১৬

आत्मसंभाविताः स्तब्धा धनमानमदान्विताः ।
यजन्ते नामयज्ञैस्ते दम्भेनाविधिपूर्वकम् । १७ ।

ভাবার্থ : নিজেকে শ্রেষ্ঠ বলে মনে করা অহংকারি ব্যক্তিরা ধন আর মানের নেশায় মত্ত হয়ে যে যজ্ঞ করে, তা করে লোক দেখানোর জন্য, এমন যজ্ঞ শাস্ত্র-বিধি অনুসারে হয় না : ১৭

अहंकारं बलं दर्पं कामं क्रोधं च संश्रिता: ।
मामात्मपरदेहेषु प्रद्विषन्तोऽभ्यसूयका: । १८ ।

ভাবার্থ : অহংকার, বল, অভিমান, কাম এবং ক্রোধ যুক্ত এবং যে অপরের নিন্দা করে সে আমাকেও সহ্য করতে পারে না, যা তাদের সকলের মধ্যেই অবস্থান করে। সে আমার মধ্যেই ত্রুটি খোঁজার চেষ্টা করে : ১৮

तानहं द्विषत: क्रूरान्संसारेषु नराधमान् ।
क्षिपाम्यजस्त्रमशुभानासुरीष्वेव योनिषु । १९ ।

ভাবার্থ : এই ঈশ্বর বিদ্বেষীদের, ক্রূরদের, পাপীদের, নীচদের আমি বারংবার অসুরী যোনিতে প্রবেশ করাই : ১৯

आसुरीं योनिमापन्ना मूढ़ा जन्मनि जन्मनि ।
मामप्राप्यैव कौन्तेय ततो यान्त्यधमां गतिम् । २० ।

ভাবার্থ : হে কুন্তীপুত্র, সেই মূর্খ ব্যক্তিরা বারংবার অসুরী যোনিতে জন্ম গ্রহণ করে আমাকে প্রাপ্ত করতে পারে না আর ক্রমাগত অধম অবস্থায় পৌঁছে যায় : ২০

त्रिविधं नरकस्येदं द्वारं नाशनमात्मन: ।
काम: क्रोधस्तथा लोभस्तस्मादेतत्त्रयं त्यजेत् । २१।

ভাবার্থ : কাম ক্রোধ আর লোভ, এই তিনই হল নরকের দ্বার। এই তিন দ্বার আত্মাকে অধোগতির দিকে নিয়ে যায়। এই তিন ভাব, অবস্থার ত্যাগ করা উচিত : ২১

एतैर्विमुक्त: कौन्तेय तमोद्वारैस्त्रिभिर्नर: ।
आचरत्यात्मन: श्रेयस्ततो याति परां गतिम् । २२ ।

ভাবার্থ : হে কুন্তীপুত্র, এই তিন প্রকারের অন্ধকার ভাবনা থেকে মুক্ত হয়ে মানুষ নিজের কল্যাণ করে আর উত্তম গতি প্রাপ্ত করতে পারে : ২২

य: शास्त्रविधिमुत्सृज्य वर्तते कामकारत: ।
न स सिद्धिमवाप्नोति न सुखं न परां गतिम् । २३ ।

ভাবার্থ : যে ব্যক্তি শাস্ত্রের নিয়ম ছেড়ে নিজের ইচ্ছানুসারে আচরণ করে, সে না তো সুখ লাভ করে, আর না সিদ্ধি লাভ করে, আর সে পরম গতিও প্রাপ্ত করে না : ২৩

तस्माच्छास्त्रं प्रमाणं ते कार्याकार्यव्यवस्थितौ ।
ज्ञात्वा शास्त्रविधानोक्तं कर्म कर्तुमिहार्हसि । २४ ।

ভাবার্থ : কি করা উচিত, কি করা অনুচিত, যখন এই নিয়ে সমস্যায় পড়বে তখন সঠিক নির্ণয়ে পৌঁছানোর জন্য শাস্ত্রকে প্রমাণ ধরে নিয়ে সেই অনুসারেই কাজ কর : ২৪

इति श्रीमद्भगवद्गीतासूपनिषत्सु ब्रह्मविद्यायां योगशास्त्रे श्रीकृष्णार्जुनसंवादे दैवासुरसंपद्विभागयोगो नाम षोडशोऽध्याय: ॥ १६॥

শ্রীমদ্‌ভগবদ্‌গীতা রূপী উপনিষদ্ এবং ব্রহ্মবিদ্যা তথা যোগশাস্ত্র বিষয়ক শ্রীকৃষ্ণ এবং অর্জুনের সংলাপের ‘ দৈবাসুর সম্পদ বিভাগ যোগ’ নামক ষোড়শ অধ্যায় সম্পূর্ণ হল।

●●●

সপ্তদশ অধ্যায়

শ্রদ্ধাত্রয় অধ্যায়

অর্জুনের বক্তব্য

ये शास्त्रविधिमुत्सृज्य यजन्ते श्रद्धयान्विता: ।
तेषां निष्ठा तु का कृष्ण सत्त्वमाहो रजस्तम: । १ ।

ভাবার্থ : অর্জুন বলেন : হে শ্রীকৃষ্ণ, যে ব্যক্তি শাস্ত্রবিধি ত্যাগ করে শ্রদ্ধাপূর্বক যজ্ঞ, পূজা করে, তার শ্রদ্ধা সতোগুণী, রজোগুণী নাকি তমোগুণী :১

শ্রী ভগবানের অমৃত কথা

त्रिविधा भवति श्रद्धा देहिनां सा स्वभावजा ।
सात्त्विकी राजसी चैव तामसी चेति तां श्रृणु । २ ।

ভাবার্থ : ভগবান বলেন : দেহধারীদের স্বভাব থেকে তিনপ্রকারের শ্রদ্ধা উৎপন্ন হয়। এই তিন প্রকার হল - সতোগুণী শ্রদ্ধা, রজোগুণী শ্রদ্ধা এবং তমোগুণী শ্রদ্ধা। এই বিষয়ের সম্পর্কে তুই আমার কাছ থেকে শোন : ২

सत्त्वानुरूपा सर्वस्य श्रद्धा भवति भारत ।
श्रद्धामयोऽयं पुरुषो यो यच्छ्रद्धः स एव सः । ३ ।

ভাবার্থ : হে ভরতবংশীয় অর্জুন, প্রত্যেক ব্যক্তির শ্রদ্ধা তার অন্তঃকরণ অনুসারে হয়। যার যেমন শ্রদ্ধা, সেই মানুষও ঠিক তেমনি হয় : ৩

यजन्ते सात्त्विका देवान्यक्षरक्षांसि राजसा: ।
प्रेतान्भूतगणांश्चान्ये यजन्ते तामसा जना: । ४ ।

ভাবার্থ : সতোগুণী ব্যক্তিরা দেবতার পূজা করে, রজোগুণী ব্যক্তিরা যক্ষ ও রাক্ষসের পূজা করে আর তমোগুণী লোকেরা প্রেত ও ভূতগণের পূজা করে : ৪

अशास्त्रविहितं घोरं तप्यन्ते ये तपो जनाः ।
दम्भाहंकारसंयुक्ताः कामरागबलान्विताः । ५ ।
कर्शयन्तः शरीरस्थं भूतग्राममचेतसः ।
मां चैवान्तःशरीरस्थं तान्विद्ध्यासुरनिश्चयान् । ६।

ভাবার্থ : যে ব্যক্তি কামনার পূরণের জন্য, শাস্ত্রের বিরোধীতা করে, ভণ্ডামি, বল ও অহংকারের জোরে ঘোর তপস্যা করে, সে অজ্ঞানী ও অসুরী স্বভাবের হয়। সে নিজের পঞ্চভূত দ্বারা গঠিত শরীরকেও কষ্ট দেয় এবং শরীরে অবস্থিত আমার পরমাত্মাকেও কষ্ট দেয় : ৫, ৬

आहारस्त्वपि सर्वस्य त्रिविधो भवति प्रियः ।
यज्ञस्तपस्तथा दानं तेषां भेदमिमं श्रृणु । ७ ।

ভাবার্থ : সকলে নিজের প্রকৃতি অনুসারে ভোজন পছন্দ করে, ঠিক তেমনি যজ্ঞ, তপস্যা আর দানও তিন প্রকারের হয়। তার ভেদ শ্রবণ কর : ৭

आयुःसत्त्वबलारोग्य सुखप्रीतिविवर्धना ।
रस्याः स्निग्धां स्थिरा हृद्या आहाराः सात्त्विकप्रियाः । ८ ।

ভাবার্থ : যে আহার আয়ু, সাত্ত্বিক বৃত্তি, বল, স্বাস্থ্য; সুখ আর উল্লাস বৃদ্ধি করে, রসযুক্ত, তৈলাক্ত, পুষ্টিকর এবং রুচিকর হয়, আর যা শরীরকে রোগমুক্ত রাখে, তা সতোগুণী জনেদের প্রিয় হয় : ৮

कट्वम्ललवणात्युष्णातीक्ष्णारूक्षविदाहिनः ।
आहारा राजसस्येष्टा दुःखशोकामयप्रदाः । ९ ।

ভাবার্থ: তেতো, টক, কষা, খুব গরম, ঝাল, শুকনো এবং জ্বলন সৃষ্টিকারী খাদ্য, যা পরে দুঃখ, রোগ আর অনুতাপ প্রদান করে, এমন খাদ্য রজোগুণী লোকেদের প্রিয় হয় : ৯

यातयामं गतरसं पूति पर्युषितं च यत् ।
उच्छिष्टमपि चामेध्यं भोजनं तामसप्रियम् । १० ।

ভাবার্থ : অর্ধপক্ক, নিরস, দুর্গন্ধযুক্ত, বাসী, এঁটো এবং অপবিত্র ভোজন তমোগুণী লোকেদের প্রিয় হয় : ১০

अफलाकांक्षिभिर्यज्ञो विधिदृष्टो य इज्यते ।
यष्टव्यमेवेति मनः समाधाय स सात्त्विकः । ११ ।

ভাবার্থ : যজ্ঞ করা কর্তব্য, এটা মেনে নিয়ে মনকে একাগ্র করার জন্য তথা ফলের ইচ্ছা না রেখে বিধিপূর্বক কৃত যজ্ঞ হল সাত্ত্বিক : ১১

अभिसंधाय तु फलं दम्भर्थमपि चैव यत् ।
इज्यते भरतश्रेष्ठ तं यज्ञं विद्धि राजसम् । १२ ।

ভাবার্থ : হে ভরতশ্রেষ্ঠ অর্জুন, এই যজ্ঞ ফল প্রাপ্তির আশাতেই করা হয়, নিজের মহত্ত্ব দেখানোর জন্য করা হয়, এমন যজ্ঞকে তুই রাজসিক বলে ভাবতে পারিস : ১২

विधिहीनमसृष्टान्नं मन्त्रहीनमदक्षिणाम् ।
श्रद्धाविरहितं यज्ञं तामसं परिचक्षते । १३ ।

ভাবার্থ : যে যজ্ঞ করার সময় কোনো শাস্ত্র বিধির পালন করা হয় না, অন্নদান করা হয় না, মন্ত্রপাঠ করা হয় না, দক্ষিণা প্রদান করা হয় না এবং যজ্ঞ করার সময় মন যদি শুদ্ধ না থাকে, তাহলে এমন যজ্ঞকে তামসিক যজ্ঞ বলা হয় : ১৩

देवद्विजगुरुप्राज्ञपूजनं शौचमार्जवम् ।
ब्रह्मचर्यमहिंसं च शारीरं तप उच्यते । १४ ।

ভাবার্থ : দেবতা, ব্রাহ্মণ, গুরু তথা জ্ঞানী জনেদের পূজা করা, পবিত্রতা, সরলতা, ব্রহ্মচর্য এবং অহিংসার পালন করা, এইগুলিকে শরীর সম্পর্কিত তপ বলা হয় : ১৪

अनुद्वेगकरं वाक्यं सत्यं प्रियहिंत च यत् ।
स्वाध्यायाभ्यसनं चैव वाङ्मयं तप उच्यते । १५ ।

ভাবার্থ : এমন বাণী যা কাউকে ব্যাকুল করে না, এমন সত্য যা প্রিয় এবং হিতকারী, সদ্‌বিচারের কথা বলা, এই সব বাণীকে তপ বলে : ১৫

मन:प्रसाद: सौम्यत्वं मौनमात्मविनिग्रह: ।
भावसंशुद्धिरित्येतत्तपो मानसमुच्यते । १६ ।

ভাবার্থ : মনের প্রসন্নতা এবং শান্তি, মনন, চিন্তন, সংযম, বিচারের পবিত্রতা এই গুলিকে মানসিক তপ বলা হয় : ১৬

श्रद्धया परया तप्तं तपस्तत्त्रिविधं नरै: ।
अफलाकाङ्क्षिभिर्युक्तै: सात्त्विकं परिचक्षते । १७।

ভাবার্থ : কায়িক, বাচিক ও মানসিক, যদি কোনো রকমের ফলের ইচ্ছা না করে এই তিন প্রকারের তপ, একগ্রতার সাথে যদি কোনো শ্রদ্ধাযুক্ত ব্যক্তির দ্বারা করা হয় তাহলে তাকে সাত্ত্বিক তপ বলা হয় : ১৭

सत्कारमानपूजार्थं तपो दम्भेन चैव यत् ।
क्रियते तदिहं प्रोक्तं राजसं चलमध्रुवम् । १८ ।

ভাবার্থ : এই তিন প্রকারের তপ, সৎকার এবং মান প্রতিষ্ঠার জন্য, পূজা করা বা নিজের স্বার্থ সিদ্ধির জন্য করা হলে তা রাজসিক তপ হয়ে যায়। তার প্রভাব হয় অস্থায়ী : ১৮

मूढग्राहेणात्मनो यत्पीडया क्रियते तपः ।
परस्योत्सादनार्थं वा तत्तामसमुदाहृतम् । १९ ।

ভাবার্থ : এই তিনপ্রকারের তপ, হঠপূর্বক, স্বয়ংকে কষ্ট দিয়ে অথবা অন্যের অনিষ্ট করার জন্য করা হলে তাকে তামসিক তপ বলা হয় : ১৯

दातव्यमिति यद्दानं दीयतेऽनुपकारिणे ।
देशे काले च पात्रे च तद्दानं सात्त्विकं स्मृतम् । २० ।

ভাবার্থ : যে দান কর্তব্য ভাবনার কথা ভেবে করা হয়, দান করার সময় বদলে কোনো উপকার পাওয়ার আশা করা হয় না, যে দান দেশ, কাল ও পাত্রের বিচার করে দেওয়া হয়, তাকে সাত্ত্বিক দান বলা হয় : ২০

यत्तु प्रत्युपकारार्थं फलमुद्दिश्य वा पुनः ।
दीयते च परिक्लिष्टं तद्दानं राजसं स्मृतम् । २१ ।

ভাবার্থ : দান করার সময় যদি ব্যক্তি চাপ বা কষ্টের অনুভব করে অথবা দানের বদলে কোনো উপকার চায় অথবা এই লোকে বা পরলোকে কোনো ফল পাওয়ার আশা করে, সেই দানকে রাজসিক দান বলা হয় : ২১

अदेशकाले यद्दानमपात्रेभ्यश्च दीयते ।
असत्कृतमवज्ञातं तत्तामसमुदाहृतम् । २२ ।

ভাবার্থ : যে দান দেশ, কালের বিচার না করে অপাত্রে করা হয়, দান করার সময় দাতার মনে সৎকারের ভাবনা থাকে না, যা অনাদরের সাথে করা হয়, তাকে তামসিক দান বলা হয় : ২২

ॐ तत्सदिति निर्देशो ब्रह्मणस्त्रिविधः स्मृतः ।
ब्राह्मणास्तेन वेदाश्च यज्ञाश्च विहिताः पुरा । २३ ।

ভাবার্থ : ওঁ-কার, তৎ, সৎ, এই সাংকেতিক অক্ষরের দ্বারা ব্রহ্মের স্মরণ করা হয়। প্রাচীন কালে এই শব্দ ব্রহ্মের দ্বারা বেদ, ব্রাহ্মণ গ্রন্থ এবং যজ্ঞের রচনা করা হয়েছিল : ২৩

तस्मादोमित्युदाहृत्य यज्ञदानतपःक्रियाः ।
प्रवर्तन्ते विधानोक्ताः सततं ब्रह्मवादिनाम् । २४ ।

ভাবার্থ : এইজন্য ব্রহ্মবাদীরা ওঁ-কারের উচ্চারণ করে শাস্ত্রের অনুসারে যজ্ঞ, তপ, দান প্রভৃতি ক্রিয়া শুরু করে : ২৪

तदित्यनभिसंधाय फलं यज्ञतपःक्रियाः ।
दानक्रियाश्च विविधाः क्रियन्ते मोक्षकाङ्क्षिभिः । २५ ।

ভাবার্থ : যারা মোক্ষ লাভের চেষ্টা করে, যারা যজ্ঞ, তপ, দানের ফলের আশা করে না, তারা 'তৎ'-এর উচ্চারণ করে এই ক্রিয়া করে : ২৫

सद्भावे साधुभावे च सदित्येतत्प्रयुज्यते ।
प्रशस्ते कर्मणि तथा सच्छब्दः पार्थ युज्यते । २६ ।

ভাবার্থ : সৎ শব্দের প্রয়োগ সমস্ত শ্রেষ্ঠ কার্যের সময় করা হয়। হে পার্থ, উত্তম কর্ম করার সময় সৎ শব্দের প্রয়োগ করা হয় : ২৬

यज्ञे तपसि दाने च स्थितिः सदिति चोच्यते ।
कर्म चैव तदर्थीयं सदित्येवाभिधीयते । २७ ।

ভাবার্থ : যজ্ঞ, তপ, দানের ক্ষেত্রে দৃঢ়তার সাথে স্থির থাকাটাও 'সৎ' কার্য এবং এর নিমিত্তে করা সমস্ত কর্মকেই 'সৎ' কর্ম বলা হয় : ২৭

अश्रद्धया हुतं दत्तं तपस्तप्तं कृतं च यत् ।
असदित्युच्यते पार्थ न च तत्प्रेत्य नो इह । २८ ।

ভাবার্থ : হে পার্থ, শ্রদ্ধা ছাড়া যদি যজ্ঞ, দান, তপ প্রভৃতি কার্য করা হয় তাহলে সব কাজও 'অসৎ' বলে পরিগণিত হয়। এই লোকেও এমন কর্মের কোনো উপযোগিতা নেই, পরলোকেও এর দ্বারা কোনো লাভ হয় না : ২৮

इति श्रीमद्भगवद्गीतासूपनिषत्सु ब्रह्मविद्यायां योगशास्त्रे श्रीकृष्णार्जुनसंवादे श्रद्धात्रयविभागयोगो नाम सप्तदशोऽध्यायः ॥ १७ ॥

শ্রীমদ্‌ভগবদ্‌গীতা রূপী উপনিষদ্ এবং ব্রহ্মবিদ্যা তথা যোগশাস্ত্র বিষয়ক শ্রীকৃষ্ণ এবং অর্জুনের সংলাপের ' শ্রদ্ধাত্রয় বিভাগ যোগ' নামক সপ্তদশ অধ্যায় সম্পূর্ণ হল।

●●●

অষ্টাদশ অধ্যায়

মোক্ষ সন্ন্যাস যোগ

অর্জুনের বক্তব্য

संन्यासस्य महाबाहो तत्त्वमिच्छामि वेदितुम् ।
त्यागस्य च हृषीकेश पृथक्केशिनिषूदन । १ ।

ভাবার্থ : অর্জুন বলেন : হে মহাবাহো, হে হৃষীকেশ, হে কেশিদৈত্য সংহারক শ্রীকৃষ্ণ, আমি আপনার কাছ থেকে সন্ন্যাস ও ত্যাগ সম্পর্কিত তত্ত্বের কথা আলাদা আলাদা ভাবে জানতে চাই : ১

শ্রী ভগবানের অমৃত কথা

काम्यानां कर्मणां न्यासं संन्यासं कवयो विदुः ।
सर्वकर्मफलत्यागं प्राहुस्त्यागं विचक्षणाः । २ ।

ভাবার্থ : ভগবান বলেন : কিছু বিদ্বান কামনার জন্য কৃত কর্মের ত্যাগকে সন্ন্যাস বলে আর কিছু নিপুণ ব্যক্তিগণ সমস্ত কর্মের ফলের আশা ত্যাগ করাকে ত্যাগ অর্থাৎ সন্ন্যাস বলে : ২

त्याज्यं दोषवदित्येके कर्म प्राहुर्मनीषिणः ।
यज्ञदानतपःकर्म न त्याज्यमिति चापरे । ३ ।

ভাবার্থ : অনেক বিবেকবান মানুষ বলে যে, সমস্ত কর্মের ক্ষেত্রেই দোষের আশঙ্কা থেকে যায় তাই সমস্ত রকম কর্ম ত্যাগ করা উচিত আর অন্যরা বলে যে যজ্ঞ, দান ও তপের মতো কাজ ত্যাগ করা উচিত না : ৩

निश्चयं श्रृणु मे तत्र त्यागे भरतसत्तम ।
त्यागो हि पुरुषव्याघ्र त्रिविधः संप्रकीर्तितः । ४ ।

ভাবার্থ : হে ভরতবংশীয়দের মধ্যে উত্তম, পুরুষের মধ্যে শ্রেষ্ঠ অর্জুন, ত্যাগ সম্পর্কে তুই আমার স্থির মতামত শোন। এই ত্যাগ সাত্ত্বিক, রাজসিক ও তামসিক এই তিন প্রকারের হয় : ৪

यज्ञदानतप:कर्म न त्याज्यं कार्यमेव तत् ।
यज्ञो दानं तपश्चैव पावनानि मनीषिणाम् । ५ ।

ভাবার্থ : হে পার্থ, যজ্ঞ, দান, তপ প্রভৃতি কর্ম ত্যাগ করার জিনিস নয়, এই গুলি করা উচিত, কারণ এই কর্ম বিবেকবান মানুষদের পবিত্র করে তোলে : ৫

एतान्यपि तु कर्माणि सङ्गं त्यक्त्वा फलानि च ।
कर्तव्यानीति मे पार्थ निश्चितं मतमुत्तमम् । ६ ।

ভাবার্থ : হে পার্থ, যজ্ঞ, দান, তপ প্রভৃতি শুভ কর্ম করে এর ফলের আসক্তি ত্যাগ করা সর্বোত্তম হয়। এটাই আমার নিশ্চিত মত : ৬

नियतस्य तु संन्यासः कर्मणो नोपपद्यते ।
मोहात्तस्य परित्यागस्तामसः परिकीर्तितः । ७ ।

ভাবার্থ : কর্তব্য কর্মকে কখনও ত্যাগ করা উচিত না। যদি অজ্ঞানতা বশত এর ত্যাগ করা হয় তখন তাকে তামসিক ত্যাগ বলা হয় : ৭

दु:खमित्येव यत्कर्म कायक्लेशभयात्त्यजेत् ।
स कृत्वा राजसं त्यागं नैव त्यागफलं लभेत् । ८ ।

ভাবার্থ : যে ব্যক্তি সমস্ত কর্ম দুঃখ প্রদানকারী ভেবে এবং শারীরিক কষ্টের ভয়ে কর্ম করতে চায় না, তার এই ত্যাগ রাজসিক ত্যাগ, এর ফলে মোক্ষ লাভ হয় না : ৮

कार्यमित्येव यत्कर्म नियतं क्रियतेऽर्जुन ।
संङ्गं त्यक्त्वा फलं चैव स त्यागः सात्त्विको मतः । ९ ।

ভাবার্থ : হে অর্জুন, কর্ম করার সময় মনের ভেতর কর্তব্যের ভাবনা থাকা উচিত, তার ফলের প্রতি আসক্তি করা উচিত না। ফলের আসক্তি ত্যাগ করা সাত্ত্বিক ত্যাগ : ৯

न द्वेष्ट्यकुशलं कर्म कुशले नानुषज्जते ।
त्यागी सत्त्वसमाविष्टो मेधावी छिन्नसंशयः । १० ।

ভাবার্থ : যে ব্যক্তি অশুভ কর্মকে ঘৃণা করে না, শুভ কর্মের প্রতি অনুরাগ রাখে না, এমন স্থির বুদ্ধি সম্পন্ন ব্যক্তি বাস্তবিক ত্যাগী হয় : ১০

न हि देहभृता शक्यं त्यक्तुं कर्माण्यशेषतः ।
यस्तु कर्मफलत्यागी स त्यागीत्यभिधीयते । ११ ।

ভাবার্থ : বাস্তবে দেহধারীরা কর্মকে কখনই পূর্ণ রূপে ছাড়তে পারে না, তাই তাকেই ত্যাগী বলা উচিত যে কর্মের ফলের আশা করে না : ১১

अनिष्टमिष्टं मिश्रं च त्रिविधं कर्मणः फलम् ।
भवत्यत्यागिनां प्रेत्य न तु संन्यासिनां क्वचित् । १२।

ভাবার্থ : কর্মের ফল ভালো, মন্দ এবং ভালো-মন্দে মেশানো এই প্রকারের হয়, মৃত্যুর পরেই সেই সমস্ত ব্যক্তিদের এই ফল ভোগ করতে হয়, যারা কামানার পূর্তির জন্য কর্ম করে থাকে। যে কর্মফলের আশা করে না, তাকে ভোগ করতে হয় না : ১২

पञ्चैतानि महावाहो कारणानि निबोध मे ।
सांख्ये कृतान्ते प्रोक्तानि सिद्धये सर्वकर्मणाम् । १३।

ভাবার্থ : হে মহাবাহো অর্জুন, সমস্ত রকমের কর্মকে পূর্ণতা দান করার জন্য, সাংখ্য শাস্ত্রতে পাঁচটি মূল কারণের উল্লেখ আছে, তা তুই আমার থেকে বুঝে নে : ১৩

अधिष्ठानं तथा कर्ता करणं च पृथग्विधम् ।
विविधाश्च पृथक्चेष्टा दैवं चैवात्र पञ्चमम् । १४ ।

ভাবার্থ : কর্মের একটা কারণ এই পঞ্চভূতে গঠিত দেহ, যাকে কর্মের আধার বলা যায়। দ্বিতীয় কারণ হল আত্মা, যাকে 'কর্তা' বলা হয়। তৃতীয় কারণ হল ইন্দ্রিয়, যাকে 'করণ' বলা হয়। চতুর্থ কারণ হল ইন্দ্রিয়ের ক্রিয়া, যাকে 'চেষ্টা' বলা হয়। পঞ্চম কারণ হল ভাগ্য, যাকে 'দৈব'বলা হয় : ১৪

शरीरवाङ्मनोभिर्यत्कर्म प्रारभते नरः ।
न्याय्यं वा विपरीतं वा पञ्चैते तस्य हेतवः । १५ ।

ভাবার্থ : মনুষ্য শরীর, কথা ও মনের মাধ্যমে উচিত বা অনুচিত, যে কর্ম করে, তা এই পাঁচ কারণের মিলের পরিণাম হয়ে থাকে : ১৫

तत्रैवं सति कर्तारमात्मानं केवलं तु यः ।
पश्यत्यकृतबुद्धित्वान्न स पश्यति दुर्मतिः । १६ ।

ভাবার্থ : এমনটা হওয়া সত্ত্বেও যে ব্যক্তি কর্মের কর্তা বলতে শুধুমাত্র আত্মাকে বোঝে, তার বুদ্ধি মলিন। সে যথার্থতা কি তা বোঝে না : ১৬

यस्य नाहंकृतो भावो बुद्धिर्यस्य न लिप्यते ।
हत्वापि स इमाँल्लोकान्न हन्ति न निवबध्यते । १७ ।

ভাবার্থ : কর্মের কর্তা হওয়া সত্ত্বেও যার মনে অহংকার নেই, যার বুদ্ধি কর্মফলে লিপ্ত নয়, সেই ব্যক্তি সমস্ত লোকেদের মেরেও খুনী হয় না, আর কর্মের জন্য কোনো বন্ধনেও আবদ্ধ হয় না : ১৭

ज्ञानं ज्ञेयं परिज्ञाता त्रिविधा कर्मचोदना ।
करणं कर्म कर्तेति त्रिविधः कर्मसंग्रहः । १८ ।

ভাবার্থ : জ্ঞান, জ্ঞেয় আর জ্ঞাতা, এই তিনটিই কর্মের প্রেরণা। কারণ, ক্রিয়া আর কর্তা, এই তিনটির মিলনে কর্ম সম্পন্ন হয় : ১৮

ज्ञानं कर्म च कर्ता च त्रिधैव गुणभेदतः ।
प्रोच्यते गुणसंख्याने यथावच्छृणु तान्यपि । १९ ।

ভাবার্থ : সাংখ্য শাস্ত্রতে জ্ঞান, কর্ম আর কর্তাকে তিন-তিন প্রকার বলা হয়েছে। গুণের এই তিনটি প্রকার সতোগুণ, রজোগুণ আর তমোগুণের ওপর আধারিত। ভালো করে এর বিবরণ শোন : ১৯

सर्वभूतेषु येनैकं भावमव्ययमीक्षते ।
अविभक्तं विभक्तेषु तज्ज्ञानं विद्धि सात्त्विकम् । २० ।

ভাবার্থ : যে জ্ঞানের জন্য ব্যক্তি প্রাণিদের বিভিন্ন রূপের মধ্যে একটি অখন্ড অবিনশ্বর ব্রহ্মাকে লীন অবস্থায় দেখতে পায়, সেই জ্ঞানকে তুই সাত্ত্বিক জ্ঞান বলে ভাবতে পারিস : ২০

पृथक्त्वेन तु यज्ज्ञानं नानाभावान्पृथग्विधान् ।
वेत्ति सर्वेषु भूतेषु तज्ज्ञानं विद्धि राजसम् । २१ ।

ভাবার্থ : যে জ্ঞানের জন্য ব্যক্তি আলাদা-আলাদা প্রাণিদের মধ্যে আলাদা -আলাদা জীবাত্মার সন্ধান পায়, সেই জ্ঞানকে রাজসিক জ্ঞান বলা হয় : ২১

यत्तु कृत्स्नदेकस्मिन्कार्ये सक्तमहैतुकम् ।
अतत्त्वार्थवदल्पं च तत्तामसमुदाहृतम् । २२ ।

ভাবার্থ : যে বিপরীত জ্ঞান আত্মার পরিবর্তে শরীরকেই সর্বস্ব বলে মনে করে তাতে আসক্ত থাকে, যে অন্য কোনো যুক্তি স্বীকার করে না, সেই ব্যর্থ আর সংকীর্ণ জ্ঞান তামসিক হয় : ২২

नियतं सङ्गरहितमरागद्वेषतः कृतम् ।
अफलप्रेप्सुना कर्म यत्तत्सात्त्विकमुच्यते । २३ ।

ভাবার্থ : শাস্ত্রে বলা হয়েছে যে, সেই কর্ম যা করার সময় কর্তা তার প্রতি আসক্তি ও বিরক্তি বোধ করে না আর যে কর্ম করার সময় কর্তার ফলের ইচ্ছা হয় না, সেই কর্মকে সাত্ত্বিক বলা হয় : ২৩

यत्तु कामेप्सुना कर्म साहंकारेण वा पुनः ।
क्रियते बहुलायासं तद्राजसमुदाहृतम् । २४ ।

ভাবার্থ : যে কর্ম বিলাসিতাকামী ব্যক্তিদের দ্বারা অহংকার পূর্বক করা হয় আর যে কর্ম করার সময় শ্রমের প্রয়োজন হয়, তাকে রাজসিক কর্ম বলা হয় : ২৪

अनुबन्धं क्षयं हिंसामनवेक्ष्य च पौरुषम् ।
मोहादारभ्यते कर्म यत्तत्तामसमुच्यते । २५ ।

ভাবার্থ : যে কর্ম করার সময় কর্তা নিজের শক্তির বিচার করে না, তার পরিণামের কথা ভাবে না, তার জন্য অন্যের কি পীড়া বা ক্ষতি হোতে পারে তার বিচার করে না, এমন অজ্ঞানতাপূর্বক করা কাজকে তামসিক বলা হয় : ২৫

मुक्तसङ्गोऽनहंवादी धृत्युत्साहसमन्वितः ।
सिद्ध्यसिद्ध्योर्निर्विकारः कर्तासात्त्विक उच्यते । २६ ।

ভাবার্থ : যে কর্তা কর্তাবোধের আসক্তি তথা কর্তাবোধের অহংকার থেকে মুক্ত, তার কর্মের প্রতি ধৈর্য্য আর উৎসাহ থাকে কিন্তু কর্মের সফলতায় যার আনন্দ হয় না আর কর্মের বিফলতার ফলে যে শোক করে না, এমন কর্তা সাত্ত্বিক হয় : ২৬

रागी कर्मफलप्रेप्सुर्लुब्धो हिंसात्मकोऽशुचिः ।
हर्षशोकान्वितः कर्ता राजसः परिकीर्तितः । २७ ।

ভাবার্থ : ভোগ-বিলাসের ইচ্ছুক কর্তা, যে কর্মফলের কামনা করে, যে নিজের লাভের জন্য অন্যের দুঃখ কষ্টের পরোয়া করে না, যার বিচার অপবিত্র, যে সফলতায় আনন্দ পায়, অসফলতায় ক্ষুব্ধ হয়, এমন কর্তা রাজসিক হয় : ২৭

अयुक्तः प्राकृतः स्तब्धः शठो नैष्कृतिकोऽलसः ।
विषादी दीर्घसूत्री च कर्ता तामस उच्यते । २८ ।

ভাবার্থ : যার কর্ম করার ব্যাপারে একাগ্রতা থাকে না, যে অহংকারী, উদ্ধত এবং কপটী, যে অন্যের কাজে বাধা দান করে, যে অলস এবং হতাশ মনের, যে সামান্য কাজ পূরণ করতেই অনেক সময় লাগিয়ে ফেলে, এমন কর্তাকে তামসিক বলা হয় : ২৮

बुद्धेर्भेदं धृतेश्चैव गुणतस्त्रिविधं श्रृणु ।
प्रोच्यमानमशेषेण पृथक्त्वेन धनंजय । २९ ।

ভাবার্থ : হে ধনঞ্জয় অর্জুন, প্রকৃতির তিনগুণ অনুসারে বুদ্ধি আর ধৈর্য্যের তিন-তিনটি প্রকারের ভেদ আমার কাছ থেকে আলাদা আলাদা ভাবে শ্রবণ কর : ২৯

प्रवृत्तिं च निवृत्तिं च कार्याकार्ये भयाभये ।
बंधं मोक्षं च या वेत्ति बुद्धिः सा पार्थ सात्त्विकी । ३० ।

ভাবার্থ : হে পার্থ, যে বুদ্ধি কি করা উচিত সেই বিষয় সম্পর্কে ঠিক নির্ণয় নিতে পারে, কি করা অনুচিত তাও জানে। যে বুদ্ধি কর্তব্য আর অকর্তব্যকে বুঝতে পারে, যে বুদ্ধি এটা জানে যে কাকে ভয় করা উচিত, কাকে ভয় করা উচিত না, যে বুদ্ধি বন্ধন আর মোক্ষের কারণ বুঝতে পারে, সেই বুদ্ধি সাত্ত্বিক : ৩০

यया धर्ममधर्मं च कार्यं चाकार्यमेव च ।
अयथावत्प्रजानाति बुद्धिः सा पार्थ राजसी । ३१ ।

ভাবার্থ : হে পার্থ, যে বুদ্ধি ধর্ম-অধর্ম, কর্তব্য-অকর্তব্য -এর বাস্তবিকতা সম্পর্কে জানে না, সেই বুদ্ধি রাজসিক : ৩১

अधर्मं धर्ममिति या मन्यते तमसावृता ।
सर्वार्थान्विपरीतांश्च बुद्धिः सा पार्थ तामसी । ३२ ।

ভাবার্থ : হে পার্থ, যে বুদ্ধি অজ্ঞানতায় আচ্ছন্ন থাকে, যে অধর্মকে ধর্ম বলে মনে করে আর প্রত্যেক কথারই বিপরীত অর্থ নির্গত করে, সে তামসিক : ৩২

धृत्या यया धारयते मनःप्राणेन्द्रियक्रियाः ।
योगेनाव्यभिचारिण्या धृतिः सा पार्थ सात्त्विकी । ३३ ।

ভাবার্থ : হে পার্থ, যে ধৈর্য্য সম্পন্ন মন, প্রাণ আর ইন্দ্রিয়কে হারিয়ে যেতে দেয় না, বরণ ধ্যান যোগের দ্বারা তা আত্মার মধ্যে স্থির রাখে সেই ধীরতা সাত্ত্বিক : ৩৩

यया तु धर्मकामार्थन्धृत्या धारयतेऽर्जुन ।
प्रसङ्गेन फलाकाङ्क्षी धृतिः सा पार्थ राजसी । ३४ ।

ভাবার্থ : যে ধীরতা দ্বারা ব্যক্তি ধর্ম, অর্থ, কাম, এবং মোক্ষের সাথে যুক্ত হয়ে থাকে, সেই ধীরতা রাজসী হয় : ৩৪

यया स्वप्नं भयं शोकं विषादं मदमेव च ।
न विमुञ्चति दुर्मेधा धृतिः सा पार्थ तामसी । ३५ ।

ভাবার্থ : হে পার্থ, দুষ্ট ব্যক্তি যে ধীরতা দ্বারা নিদ্রা, ভয়, শোক, নিরাশা, দুঃখ এবং ঔদ্ধত্যকে ছাড়তে পারে না, সেই ধীরতা তামসিক : ৩৫

सुखं त्विदानीं त्रिविधं शृणु मे भरतर्षभ ।
अभ्यासाद्रमते यत्र दुःखान्तं च निगच्छति । ३६ ।
यत्तदग्रे विषमिव परिणामेऽमृतोपमम् ।
तत्सुख सात्त्विकं प्रोक्तमात्मबुद्धिप्रसादजम् । ३७ ।

ভাবার্থ : হে ভরত শ্রেষ্ঠ, এখন তুই আমার কাছ থেকে তিন প্রকারের সুখ সম্পর্কে শোন। ধ্যান প্রভৃতির অভ্যাসের দ্বারা মানুষ যে সুখের মধ্যে ডুবে থাকে আর যার থেকে দুঃখের নাশ হয়; যে সুখ শুরুতে বিষের মতো তিক্ত হয়, কিন্তু যার পরিণাম অমৃতের মতো মধুর হয়, যে সুখ আত্মতত্ত্বকে বোঝার দ্বারা প্রাপ্ত হয়, সেই সুখ সাত্ত্বিক : ৩৬, ৩৭

विषयेन्द्रियसंयोगाद्यत्तदग्रेऽमृतोपमम् ।
परिणामे विषमिव तत्सुखं राजसं स्मृतम् । ३८ ।

ভাবার্থ : যে সুখ ইন্দ্রিয় এবং তার বিষয়ের সংযোগের দ্বারা প্রাপ্ত হয়, যা শুরুতে অমৃতের সমান মধুর বলে মনে হয় আর যার পরিণাম বিষের সমান তিক্ত হয়, সেই সুখকে রাজসিক বলা হয় : ৩৮

यदग्रे चानुबन्धे च सुखं मोहनमात्मनः ।
निद्रालस्यप्रमादोत्थं तत्तामसमुदाहृतम् । ३९ ।

ভাবার্থ : যে সুখ শুরুর থেকে শেষ পর্যন্ত ব্যক্তিকে ভ্রমে আচ্ছাদিত করে রাখে, যা সুখ নিদ্রা, অলসতা এবং নেশার জন্য উৎপন্ন হয়, তাকে তামসিক বলা হয় : ৩৯

न तदस्ति पृथिव्यां वा दिवि देवेषु वा पुनः ।
सत्त्वं प्रकृतिजैर्मुक्तं यदेभिः स्यात्त्रिभिर्गुणैः । ४० ।

ভাবার্থ : পৃথিবী, আকাশ অথবা দেবলোক তথা অন্য কোনো লোকে এমন কোনো অস্তিত্ব নেই যা প্রকৃতির এই তিন গুণের থেকে মুক্ত : ৪০

ब्राह्मणक्षत्रियविशां शूद्राणां च परंतप ।
कर्माणि प्रविभक्तानि स्वभावप्रभवैर्गुणैः । ४१ ।

ভাবার্থ : হে অপরের জন্য অনুতপ্ত অর্জুন, ব্রাহ্মণ, ক্ষত্রিয়, বৈশ্য এবং শূদ্র, এই চার বর্ণের কর্মের বিভাজন প্রকৃতির গুণের ওপর আধারিত স্বভাবানুসারে নিশ্চিত হয় : ৪১

शमो दमस्तपः शौचं क्षान्तिरार्जवमेव च ।
ज्ञानं विज्ञानमास्तिक्यं ब्रह्मकर्म स्वभावजम् । ४२।

ভাবার্থ : ব্রাহ্মণের স্বাভাবিক কর্ম হল - মনের স্থিরতা, ইন্দ্রিয়ের সংযম, তপ, অর্থাৎ শুভ কর্মের জন্য কষ্ট সহ্য করা, বাইরের-ভেতরের শুদ্ধতা, ক্ষমাভাব, ছল-কপটতার থেকে দূরে থাকা, আস্তিকতা, জ্ঞান-পিপাসা তথা আত্মানুভব : ৪২

शौर्यं तेजो धृतिर्दाक्ष्यं युद्धे चाप्यपलायनम् ।
दानमीश्वरभावश्च क्षात्रं कर्म स्वभावजम् । ४३ ।

ভাবার্থ : ক্ষত্রিয়ের স্বাভাবিক কর্ম হল : শূরবীরতা, তেজস্বিতা, ধৈর্য্য, সচেতনতা, যুদ্ধ ছেড়ে পলায়ন না করা, উদারতা তথা প্রশাসন করার যোগ্যতা : ৪৩

कृषिगौरक्ष्यवाणिज्यं वैश्यकर्म स्वभावजम् ।
परिचर्यात्मकं कर्म शूद्रस्यापि स्वभावजम् । ४४ ।

ভাবার্থ : কৃষিকার্য, গো-পালন এবং ব্যবসা প্রভৃতি হল বৈশ্যদের স্বাভাবিক কাজ, সেবা-সম্পর্কিত কাজ করা হল শূদ্রদের স্বাভাবিক কাজ : ৪৪

स्वे स्वे कर्मण्यभिरतः संसिद्धिं लभते नरः ।
स्वकर्मनिरतः सिद्धिं यथा विन्दति तच्छृणु । ४५ ।

ভাবার্থ : নিজের স্বাভাবিক কর্মের মধ্যে লীন ব্যক্তি মোক্ষ রূপী পরমসিদ্ধি প্রাপ্ত করে। নিজের স্বাভাবিক কর্মে নিযুক্ত ব্যক্তি কিভাবে সিদ্ধি লাভ করে, তা আমার কাছ থেকে শোন : ৪৫

यतः प्रवृत्तिर्भूतानां येन सर्वमिदं ततम् ।
स्वकर्मणा तमभ्यर्च्य सिद्धिं विन्दति मानवः । ४६।

ভাবার্থ : যে ব্রহ্মের থেকে সমস্ত জড় ও চেতনের উৎপত্তি হয়েছে, যে ব্রহ্মের দ্বারা সম্পূর্ণ বিশ্ব ব্যাপ্ত হয়ে আছে, নিজের স্বাভাবিক কর্মের দ্বারা সেই ব্রহ্মের পূজা করে মানুষ সিদ্ধি লাভ করে : ৪৬

श्रेयान्स्वधर्मो विगुणः परधर्मात्स्वनुष्ठितात् ।
स्वभावनियतं कर्म कुर्वन्नाप्नोति किल्बिषम् । ४७।

ভাবার্থ : নিজের ধর্ম দোষযুক্ত হলেও, তা অপরের ধর্ম থেকে শ্রেষ্ঠ, কারণ নিজের স্বভাব অনুসারে কার্য করলে ব্যক্তি কোনো পাপের ভাগী হয় না : ৪৭

सहजं कर्म कौन्तेय सदोषमपि न त्यजेत् ।
सर्वारम्भा हि दोषेण धूमेनाग्निरिवावृताः । ४८ ।

ভাবার্থ : হে কুন্তীপুত্র, নিজের স্বাভাবিক কর্ম যদি দোষযুক্তও হয় তাহলেও তার ত্যাগ করা উচিত না, কারণ সমস্ত কর্মের মধ্যে কোনো না কোনো দোষ থাকেই, যেমন অগ্নি ধোঁয়ায় আচ্ছাদিত হলেও তা দূষিত হয়ে যায় না, অর্থাৎ ধূম্রযুক্ত অগ্নিকে কেউ ত্যাগ করে না : ৪৮

असक्तबुद्धिः सर्वत्र जितात्मा विगतस्पृहः ।
नैष्कर्म्यसिद्धिं परमां संन्यासेनाधिगच्छति । ४९ ।

ভাবার্থ : যার বুদ্ধি সমস্ত রকম আসক্তি ত্যাগ করেছে, যে সংযম দ্বারা নিজেকে জয় করতে পেরেছে, যার লালসা সমাপ্ত হয়ে গেছে, সেই সন্ন্যাসী নৈষ্কর্ম্য সিদ্ধি প্রাপ্ত করে : ৪৯

सिद्धिं प्राप्तो यथा ब्रह्म तथाप्नोति निबोध मे ।
समासेनैव कौन्तेय निष्ठा ज्ञानस्य या परा ।५०।

ভাবার্থ : নৈষ্কর্ম্য সিদ্ধিলাভকারী জ্ঞানযোগী কোন বিধিতে পরম ব্রহ্মকে প্রাপ্ত করে, হে কুন্তীপুত্র, এই বিষয়ে আমার কাছ থেকে সংক্ষেপে শোন : ৫০

बुद्ध्या विशुद्धया युक्तो धृत्यात्मानं नियम्य च ।
शब्दादीन्विषयांस्त्यक्त्वा रागद्वैषो व्युदस्य च ।५१।
विविक्तसेवी लघ्वाशी यतवाक्कायमानसः ।
ध्यानयोगपरो नित्यं वैराग्यं समुपाश्रितः ।५२।
अहंकारं बलं दर्पं कामं क्रोधं परिग्रहम् ।
विमुच्य निर्ममः शान्तो ब्रह्मभूयाय कल्पते ।५३।

ভাবার্থ : যে ব্যক্তি শুদ্ধ বুদ্ধির সাথে যুক্ত নিজের মনকে দৃঢ়তার সাথে সংযমী রাখে, ইন্দ্রিয়কে তার বিষয়ের থেকে সরিয়ে যে রোগ-দ্বেষ ত্যাগ করে, যে একান্ত এবং পবিত্র স্থানে বাস করে, যে অল্পহারী, যার নিজের শরীর, মন ও কথার ওপর নিয়ন্ত্রণ আছে, যে ধ্যানে লীন থাকে আর যে বৈরাগ্যকে স্বীকার করে নেয়, যে অহংকার, বলের গর্ভ, কাম, ক্রোধ এবং সংগ্রহ বৃত্তি ত্যাগ করেছে, তার মধ্যে পদার্থ ও প্রাণের প্রতি কোনো মায়া নেই, এমন শান্ত মন যুক্ত ব্যক্তি ব্রহ্মের সাথে একত্রিত হওয়ার যোগ্যতা রাখে : ৪১, ৪২, ৪৩

ब्रह्मभूतः प्रसन्नात्मा न शोचति न काङ्क्षति ।
समः सर्वेषु भूतेषु मद्भक्तिं लभते पराम् ।५४।

ভাবার্থ : ব্রহ্মের সাথে একত্রিত হওয়া ব্যক্তি সমস্ত প্রাণিদের সমান দৃষ্টিতে দেখে থাকে, সে সর্বদাই প্রসন্ন থাকে, প্রতিকূল বিষয়ে শোক করে না, কাউর থেকে কিছু আকাঙ্খা করে না। যে এমনটা করে সে আমার পরম ভক্তের পদ লাভ করে : ৫৪

भक्त्या मामभिजानाति यावान्यश्चास्मि तत्त्वतः ।
ततो मां तत्त्वतो ज्ञात्वा विशते तदनन्तरम् ।५५।

ভাবার্থ : এই ভক্ত আমার ওপর ভক্তি দ্বারা আমার সগুণ, নির্গুণ সমস্ত রূপের যথার্থতা জেনে নেয়। সেই ভক্ত আমার অঙ্গে পরিণত হয় : ৫৫

सर्वकर्माण्यपि सदा कुर्वाणो मद्व्यपाश्रयः ।
मत्प्रसादादवाप्नोति शाश्वतं पदमव्ययम् ।५६।

ভাবার্থ : ক্রমাগত সমস্ত কর্মের সাথে যুক্ত থেকেও আমার ভক্ত আমার শরণে আসার পর আমার কৃপায় সনাতন অবিনাশ্বর ধামে পৌঁছে যায় : ৫৬

চেতসা সর্বকর্মাণি ময়ি সংন্যস্য মৎপর: ।
বুদ্ধিযোগমুপাশ্রিত্য মচ্চিত্তঃ সততং ভব । ৫৭ ।

ভাবার্থ : মন থেকে সমস্ত কর্ম আমাকে অর্পণ করে আমার প্রতি একাগ্র হয়ে আমার সাথে চিত্ত যুক্ত কর : ৫৭

মচ্চিত: সর্বদুর্গাণি মৎপ্রসাদাত্তরিষ্যসি ।
অথ চেত্ত্বমহংকারান্ন শ্রোষ্যসি বিনঙ্ক্ষ্যসি । ৫৮ ।

ভাবার্থ : আমার সাথে চিত্ত যুক্ত করে তুই আমার কৃপায় সমস্ত বাধা অতিক্রম করতে পারবি। যদি অহংকারের জন্য আমর কথার দিকে ধ্যান না দিস তাহলে তুই নষ্ট হয়ে যাবি : ৫৮

যদহংকারমাশ্রিত্য ন যোৎস্য ইতি মন্যসে ।
মিথ্যৈষ ব্যবসায়স্তে প্রকৃতিস্ত্বাং নিয়োক্ষ্যতি । ৫৯।

ভাবার্থ : যদি তুই অহংকারে মত্ত হয়ে যুদ্ধ না করার সিদ্ধান্ত নিস তাহলে তোর বিচার ভিত্তিহীন, কারণ তোর রজোগুণী প্রকৃতি তোকে যুদ্ধ করার জন্য বাধ্য করবে : ৫৯

স্বভাবজেন কৌন্তেয় নিবদ্ধঃ স্বেন কর্মণা ।
কর্তুং নেচ্ছসি যন্মোহাৎকরিষ্যস্যবশোऽপি তৎ। ৬০।

ভাবার্থ : হে কুন্তীপুত্র, মোহের কারণে তুই যে কাজ করতে চাইছিস না, সেই কর্মকে তুই নিজের স্বভাবের সাথে যুক্ত থাকার জন্য করবি : ৬০

ঈশ্বরঃ সর্বভূতানাং হৃদ্দেশেऽর্জুন তিষ্ঠতি ।
ভ্রাময়ন্সর্বভূতানি যন্ত্রারুঢানি মায়য়া । ৬১ ।

ভাবার্থ : হে অর্জুন, সমস্ত প্রাণীদের ভেতরে বসে থাকা ঈশ্বর নিজের মায়ার দ্বারা তাকে এই প্রকারে ঘোরায়, যে প্রকারে যন্ত্র ঘুরতে থাকে : ৬১

তমেব শরণং গচ্ছ সর্বভাবেন ভারত ।
তৎপ্রসাদাৎপরাং শান্তিং স্থানং প্রাপ্স্যসি শাশ্বতম্ । ৬২ ।

ভাবার্থ : তাই হে ভরত বংশীয় অর্জুন, তুই একমাত্র প্রভুর শরণে যা, প্রভুর কৃপায় তুই পরম শান্তি এবং পরম ধন মোক্ষ লাভ করবি : ৬২

इति ते ज्ञानमाख्यातं गुह्याद्‌गुह्यतरं मया ।
विमृश्यैतदशेषेण यथेच्छसि तथा कुरु । ६३ ।

ভাবার্থ : এই ভাবে আমি তোকে গোপন থেকে গোপনতর জ্ঞান অর্পণ করলাম। এই কথা গুলি ভালো করে ভেবে তোর যা ইচ্ছা তুই করতে পারিস : ৬৩

सर्वगुह्यतमं भूयः श्रृणु मे परमं वचः ।
इष्टोऽसि मे दृढमिति ततो वक्ष्यामि ते हितम् । ६४ ।

ভাবার্থ : আমার এই অত্যন্ত গোপনীয়, অতি রহস্যময় শ্রেষ্ঠ বাণী তুই পুনরায় শ্রবণ কর, কারণ তুই আমার অতি প্রিয়, তাই আমি তোর ভালোর জন্যই তোকে এই কথা বলব : ৬৪

मन्मना भव मद्‌भक्तो मद्याजी मां नमस्कुरु ।
मामेवैष्यसि सत्यं ते प्रतिजाने प्रियोऽसि मे । ६५ ।

ভাবার্থ : আমার প্রতি অটুট মন অর্পণ কর, আমার ভক্ত হ, আমার পূজা কর, তুই আমার প্রিয়, তাই আমি তোকে আশ্বস্ত করছি যে, তুই আমাকে পাবি : ৬৫

सर्वधर्मान्परित्यज्य मामेकं शरणं व्रज ।
अहं त्वा सर्वपापेभ्यो मोक्षयिष्यामि मा शुचः । ६६।

ভাবার্থ : ধর্মের নামে চলমান চক্রে তুই আবদ্ধ হোস না, তুই আমার শরণে আয়, আমি তোকে পাপের থেকে মুক্ত করে দেব, তুই কোনো কথা নিয়ে চিন্তা করিস না: ৬৬

इदं ते नातपस्काय नाभक्ताय कदाचन ।
न चाशुश्रूपवे वाच्यं न च मां योऽभ्यसूयति । ६७ ।

ভাবার্থ : যে ব্যক্তির মধ্যে তপ ক্ষমতা থাকে না, যার মধ্যে ভক্তিভাব নেই, যার মধ্যে এই জ্ঞান শ্রবণ করার ইচ্ছা নেই, যে আমার নিন্দা করে, তাকে কখনও এই জ্ঞান প্রদান করা উচিত না : ৬৭

य इमं परमं गुह्यं मद्‌भक्तेष्वभिधास्यति ।
भक्तिं मयि परां कृत्वा मामेवैष्यत्यसंशयः । ६८ ।

ভাবার্থ : আমার ওপর ভক্তি রেখে যে ব্যক্তি এই সর্বোচ্চ রহস্যকে আমার ভক্তের ওপর প্রকটিত করবে, সে নিঃসন্দেহে আমার স্বরূপের সাথে মিলিত হবে : ৬৮

न च तस्मान्मनुष्येषु कश्चिन्मे प्रियकृत्तमः ।
भविता न च मे तस्मादन्यः प्रियतरो भुवि । ६९ ।

ভাবার্থ : যে ব্যক্তি গীতা-জ্ঞানের কথা বলে সেই আমার এই পৃথিবীর সবচেয়ে অধিক প্রিয় পাত্র আর সে সর্বদাই আমার প্রিয় থাকবে। আমার কাছে এর চেয়ে প্রিয় আর কেউ নেই : ৬৯

अध्येष्यते च य इमं धर्म्यं संवादमावयो: ।
ज्ञानयज्ञेन तेनाहमिष्ट: स्यामिति मे मति: । ७० ।

ভাবার্থ : যে ব্যক্তি আমার আর তোর এই ধর্ম সংলাপের অধ্যয়ন আর মনন করে, সে মনে জ্ঞানযজ্ঞের দ্বারা আমার পূজা করবে, এটাই আমার মত : ৭০

श्रद्धावाननसूयश्च शृणुयादपि यो नर: ।
सोऽपि मुक्त: शुभाँल्लोकान्प्राप्नुयात्पुण्यकर्मणाम् । ७१ ।

ভাবার্থ : যে ব্যক্তি এই জ্ঞানে তো খোঁজার পরিবর্তে শ্রদ্ধাযুক্ত হয়ে এই জ্ঞানের শ্রবণ করবে, সে মুক্ত হয়ে এই শুভলোক প্রাপ্ত করবে, যেখানে শুভকর্মকারীরা পৌঁছায় : ৭১

कच्चिदेतच्छ्रुतं पार्थ त्वयैकाग्रेण चेतसा ।
कच्चिदज्ञानसंमोह प्रनष्टस्ते धनंजय । ७२ ।

ভাবার্থ : হে পার্থ, তুই আমার এই জ্ঞানকে এক মনে শ্রবণ করেছিস কি? হে ধনঞ্জয়, তোর অজ্ঞানতার জন্য উৎপন্ন মোহ কি সম্পূর্ণ রূপে বিনষ্ট হয়েছে : ৩২

অর্জুনের বক্তব্য

नष्टो मोह: स्मतिर्लब्धा त्वत्प्रसादान्मयाच्युत ।
स्थितोऽस्मि गतसन्देह: करिष्ये वचनं तव । ७३ ।

ভাবার্থ : অর্জুন বলেন : হে অচ্যুত, আপনার কৃপায় আমার মোহ নষ্ট হয়ে গেছে। আমার সুপ্ত সংস্কারের স্মৃতি ফিরে এসেছে। আমার সন্দেহ দূরীভূত হয়েছে। আমি এবার স্থির বুদ্ধিতে আপনার আজ্ঞার পালন করব : ৭৩

সঞ্জয়ের বক্তব্য

इत्यहं वासुदेवस्य पार्थस्य च महात्मन: ।
संवादमिममश्रौषमद्भुतं रोमहर्षणम् । ७४ ।

ভাবার্থ : সঞ্জয় ধৃতরাষ্ট্রকে বলেন, এইভাবে আমি শ্রী বাসুদেব এবং মহাত্মা পার্থের এই অদ্ভুত ও রোমাঞ্চকর সংলাপ শ্রবণ করতে সক্ষম হয়েছি : ৭৪

व्यासप्रसादाच्छ्रुतवानेतद्गुह्यमहं परम् ।
योगंयोगेश्वरात्कृष्णात्साक्षात्कथयतः स्वयम् ।৭৫।

ভাবার্থ : মহাত্মা ব্যাসের কৃপায় আমি এই পরম গোপনীয় যোগের কথা সাক্ষাৎ যোগেশ্বর শ্রীকৃষ্ণের মুখ থেকে শ্রবণ করতে সক্ষম হয়েছি : ৩৫

राजन्संस्मृत्य संस्मृत्य संवादमिममद्भुतम् ।
केशवार्जुनयोः पुण्यं हृष्यामि च मुहुर्मुहुः ।৭৬ ।

ভাবার্থ : হে রাজন, ভগবান কেশব আর অর্জুনের এমন অদ্ভুত ও পুণ্যের সংলাপ বারংবার স্মরণ করে আমি আনন্দিত হচ্ছি : ৭৬

तच्च संस्मृत्य संस्मृत्यं रूपमत्यद्भुतं हरेः ।
विस्मयो मे महानाजन्हृष्यामि च पुनः पुनः ।৭৭ ।

ভাবার্থ : হে রাজন্, হরির চমৎকার রূপের স্মরণ করলেই আমি আশ্চর্য বোধ করছি, আর বরাংবার তার জন্য হর্ষ ও পুলকিত হচ্ছি : ৭৭

यत्र योगेश्वरः कृष्णो यत्र पार्थो धनुर्धरः ।
तत्र श्रीर्विजयो भूतिर्ध्रुवा नीतिर्मतिर्मम ।৭৮ ।

ভাবার্থ : যেখানে যোগেশ্বর কৃষ্ণ আছেন যেখানে ধনুর্ধারী অর্জুন আছেন, সেখানে লক্ষ্মী আছেন, বিজয় আছে, বৈভব আর নীতির স্থির নিবাস আছে : ৭৮

इति श्रीमद्भगवद्गीतासूपनिषत्सु ब्रह्मविद्यायां योगशास्त्रे श्रीकृष्णार्जुनसंवादे मोक्षसंन्यासयोगो नामाष्टादशोऽध्यायः ॥ १८ ॥

শ্রীমদ্ভগবদ্গীতা রূপী উপনিষদ্ এবং ব্রহ্মবিদ্যা তথা যোগশাস্ত্র বিষয়ক শ্রীকৃষ্ণ এবং অর্জুনের সংলাপের 'মোক্ষ সন্ন্যাস যোগ' নামক অষ্টাদশ অধ্যায় সম্পূর্ণ হল।

• • •